陕西干部学习培训教材

# 园区创新发展理论与实践

中共陕西省委组织部组织编写

西北大学出版社

·西安·

# 序 言

  善于学习，就是善于进步。没有大学习，就难有大发展。当前，世界正经历百年未有之大变局，我国正处于实现中华民族伟大复兴的关键时期，我们面临的发展机遇和风险挑战前所未有。党的十九届五中全会确立了"十四五"经济社会发展主要目标和 2035 年远景目标，全面建设社会主义现代化国家新征程即将开启。省委十三届八次全会强调，要贯通落实"五项要求"、"五个扎实"，把握新发展阶段、贯彻新发展理念、构建新发展格局，推动高质量发展、创造高品质生活、实现高效能治理，奋力谱写陕西新时代追赶超越新篇章。应对重大挑战，抵御重大风险，推动经济社会高质量发展，把宏伟蓝图变为美好现实，要求各级干部必须更加崇尚学习，持续深化学习，大幅提升"八种本领"、"七种能力"，紧紧跟上时代前进步伐，更好适应事业发展需要。

  这批培训教材深入贯彻习近平新时代中国特色社会主义思想和习近平总书记来陕考察重要讲话精神，紧扣高质量发展主题，坚持理论与实践相结合，突出指导性、针对性、操作性，对提高干部的专业能力具有较强的帮助促进作用。全省各级各类干部教育培训要注重用好这批教材，帮助广大党员干部更好提高知识化、专业化水平，增强履职尽责本领，在加快新时代追赶超越、推动高质量发展征程中作出更大贡献、书写精彩华章。

2021年1月7日

# 目 录

| | |
|---|---|
| 1 | 从一张规划图上崛起的非凡园区 |
| | ——苏州工业园区规划先行奠定发展格局 |
| 19 | 邻里中心 产业家园 城市细胞 |
| | ——苏州工业园区邻里中心开启产城融合必经之路 |
| 35 | 不断延伸的"中关村"地图 |
| | ——中关村科技园区创新创业开放式发展之路 |
| 55 | "123中关村模式"助力科技中小微 |
| | ——中关村科技园科技金融创新发展之道 |
| 70 | 立良法 谋善治 峥嵘岁月稠 |
| | ——上海自贸区探索法治创新之路 |
| 87 | 放管服营商环境优化的"浦东样本" |
| 103 | 科技大市场 科技资源统筹的"西安发明" |
| 121 | 中国农业科技示范推广的金字招牌 |
| | ——杨凌示范区农业示范推广之路 |

# 从一张规划图上崛起的非凡园区
## ——苏州工业园区规划先行奠定发展格局

### 序言：一份执行了 25 年的园区规划

苏州古城以东，金鸡湖畔，一座活力新城吸引着世人的目光。相比老苏州，这里虽无"世界文化遗产"的厚重显目，也无苏式园林中万人接踵的胜景，却同样底蕴深厚，源远流长。更是被本地人誉为"洋苏州"，不嘈杂，精致又不失时尚，国际范十足。这就是中国与新加坡合作开发的苏州工业园区，是中国"以新加坡为师"的高潮产物，也是中国产业地产的最初源头。

25 年前，"工业"二字远远比现在更受推崇。当两国政府合作开发建设的苏州工业园区问世之时，在两国都引起了轰动，而"园区"与"工业"两个词汇的初次结合，又让人们对其抱有一种超出"工业"的期待。

当时，国内一些城市和园区建设还停留在"边开发、边规划"阶段。苏州工业园区却通过借鉴新加坡和国际先进城市规划建设经验，用接近当时苏州市一年财政收入的高昂代价，编制了一份高标准的总体发展规划，并建立了一系列的刚性约束机制来保证规划实施始终如一，保证了园区 25 年发展建设的科学性和可持续性。

## 一、苏州工业园区概况

苏州工业园区隶属江苏省苏州市，位于苏州市城东，是中国和新加坡两国政府间的重要合作项目，被誉为"中国改革开放的重要窗口""国际合作的成功范例"。1994年2月11日，国务院下达《关于开发建设苏州工业园区有关问题的批复》；2月26日，中新两国政府在北京正式签署了合作开发建设苏州工业园区的协议；同年5月12日，苏州工业园区破土启动。工业园区行政区划278平方公里，其中，中新合作区80平方公里。

作为中新两国政府间"深层次合作试验场"，李光耀提出了"软件转移"的概念。根据两国政府协议，新加坡软件转移包括规划建设管理、经济发展管理、公用行政管理等三方面。基于此，苏州工业园开创了中外经济技术互利合作的新形式。

❖ 25年前苏州工业园区金鸡湖地区手绘规划图效果图

❖ 今天金鸡湖地区实景图

当时，国内的工业园区理念仍停留在类似于蛇口工业园区这样的以产品制造、劳动力密集型产业为主的初级阶段，而新加坡裕廊模式的复制，首先从理念上打开了国人的视角。

### 新加坡裕廊工业园政府主导的开发运营模式

裕廊位于新加坡岛西南部的海滨地带，距市区十几公里，面积60多平方公里。此地区原本为荒芜之地，大部分地貌是沼泽和丘陵，但是具有建设现代化工业区的良好自然地理条件。1961年，政府计划在裕廊划定6480公顷土地发展工业园区，并拨出1亿新元进行基础设施建设。1968年，园区内的厂房、港口、码头、铁路、公路、电力、供水等各种基础设施建设基本完成；同年6月，新加坡政府成立裕廊镇管理局（JTC），专门负责经营管理裕廊工业区和全国其他各工业区。

新加坡工业园区的开发运营主要是由政府垄断开发。不论是在最初的管理机构——经济发展局，还是后来在从经济发展局独立而出的裕廊管理局的管理之下，新加坡工业园区的公共物品属性很强。

在整个开发过程中，裕廊工业园区的资金筹集、土地运用、招商引资等均采用一级政府统一规划，专业化分工建设、管理和服务协调相配合的发展模式。园区的初期开发建设资金来自政府,后期资金的来源虽多样化,但项目建设的初期投入资金仍然主要来源于政府。政府用法律制度来安排土地的开发利用,由JTC统一控制全国工业用地和各类园区的供给,园区由经济发展局遍布世界的专业招商队伍统一负责招商。

这种开发模式的优点是:保证项目快速启动并尽快达到规模经济;快速并以较低成本获取私人土地;有效吸引跨国公司的投资;园区的竞争对象在国外而不在国内,园区之间没有恶性竞争。

摘自360百科

经过25年的发展,苏州工业园区在把握园区发展节奏方面几乎无可挑剔,每一个潜在的政策、市场利好都被成功引爆,已形成一个世界知名的高新技术产业基地。2018年,园区实现地区生产总值2570亿元,公共财政预算收入350亿元,进出口总额1035.7亿美元,社会消费品零售总额493.7亿元,城镇居民人均可支配收入超7.1万元,累计实际利用外资260多亿美元,引进了91家世界500强企业在园区内投资150个项目。苏州工业园区以占苏州市3.4%的土地和5.2%的人口,创造了全市15%的GDP以及25%的实际利用外资等骄人成绩。

不过相对于这些骄人的成绩而言,苏州工业园区最值钱的东西还是它的园区规划,区内招商企业实际上有一半是奔着规划来的。该规划从根本上摒弃了单一发展工业的模式,着眼于"产城融合、以人为本"的定位。

25年来,苏州工业园区按照"先规划、后建设""先地下、后地上"的原则,基本实现了"一张蓝图干到底",保持了城市规划建设的高水平和高标准。

- 以绿为脉、以水为魂的园区,绿化覆盖率达45%以上;
- 精心设计的雨水搜集和排水系统,令园区成为一座没有内涝的城市；

- 以"九通一平"①为标准，建成发达的城市地下管网和高密度的城市路网，通过立体化多层次的交通枢纽与周边发达的高速公路、高速铁路、城际轨道交通实现无缝对接，打造便捷高效的综合公共交通体系；
- 按照城市功能布局定位划分，不同类别居住区、相配套的商业服务体系，形成区域一体化协调发展的科学格局。

## 二、苏州工业园区的规划编制和阶段划分

25年来，苏州工业园区规划借鉴了新加坡规划编制方法，其编制发展历程总体可以分成四个阶段，其中前三轮规划对园区的发展起到了核心统筹作用。

### （一）1994年版规划（第一轮）

1994年，由新加坡CESMA国际私人有限公司等部门编制了园区首轮总体规划。该版规划运用了"新镇"编制概念，利用公共中心轴线、邻里中心、"白地"等先进规划理念，在总体规划布局上，提出了"多中心带状"的整体结构，有效地指导了园区十多年的规划建设，取得了良好效果。

根据1994年版规划，苏州工业园区规划的空间结构为东西向紧凑组团的多中心带状结构，以强化苏州市东西向中心轴线的概念。中心轴线是一条商业中轴和景观中轴，起于高新区中心，经

---

① "九通"是指通路、供电、供水、燃气、供热、排水、排污、通信和有线电视，"一平"是指土地填高平整。在园区开发建设过程中，整个地面被填高，达到可抵御百年一遇洪水的防汛标准。

过古城的心脏区，连接苏州工业园区第一、第二和第三期的中心。规划组织布局上，采用了清晰的分等级布局，运用区域、分区、邻里和组团等四种规划组织理念，参考新加坡邻里中心的规划原理，设计了四级公共设施。与国内盛行的居住区模式相比，苏州工业园区规划模式更强调居住区规模以上策划层面的城市组织，同时弱化了小区概念、强化了组团层面乃至小型社区层面的组织。

（二）2001年版规划（第二轮）

2001年，由江苏省城乡规划设计研究院编制了园区总体规划调整。该版规划强调中新合作区与区外周边地区、区内周边乡镇的协调，同时确定了开发强度分区。但与1994年版规划相比，2001年版规划较多地顾及现状，对区域快速发展条件下的跨行政区空间整合与用地调整的前瞻性估计不足。

在2001年版规划过程中，中方重新获得了70平方公里中新合作区的发展主动权。作为苏州东部城市组成部分，中新合作区所充当的角色发生了改变，从单一强调合作区内部的发展和环境打造，转变为如何实现同苏州东部地区乃至整个城市共享。而70平方公里园区面积相对于当时强劲的经济社会发展而言也显得很不相称。2001年版规划强调了对1994年版规划的继承，延续了第一版规划理念，并针对新的发展状况进行了适度调整。此外，还制定了规划检讨制度，取得了不错的效果。

尽管早期强调大规模建设城市环境、加大公共设施的投入带有一定的政治色彩，但实际建成的高品质城市环境，的确提升了工业园区乃至整个苏州的城市品质并影响到经济、社会发展的各个方面。

### （三）2007 年版规划（第三版）

2006 年，由中国城市规划设计研究院编制了《苏州东部新城规划暨苏州工业园区分区规划（2007—2020）》。该版规划立足于整个苏州东部新城建设，从苏州城市中轴建设的高度出发，整体统筹苏州工业园区中新合作区和苏州东部地区的发展。该规划从苏州市域发展的高度出发，认为苏州工业园区是未来苏州城市最主要的发展方向，更是实现苏州市域整体发展乃至建设长三角区域中轴的关键因素之一。

2007 年版规划延续了第一版规划对城市开发的建设管制，并进一步完善了区域内的生态系统。为了应对当时城市发展所面临的资源瓶颈和产业结构转变的需要，从整个苏州东部新城建设角度出发，对整个苏州工业园区进行统筹考虑，划分为 4 个功能片区，细分为 13 个功能组团。

- 北部片区，即娄江北部地区为阳澄湖国际休闲旅游度假区、高新技术研发和产业基地、苏州东部交通枢纽；
- 中部片区，即原中新合作区（70 平方公里）、娄葑镇北区局部、娄葑镇南区和胜浦镇为苏州市域中央商务区、苏州东部新城湖东核心区、高新技术产业服务中心和宜居示范区、苏州高新技术产业基地、研发中心和宜居示范区、苏州高新技术产业基地、出口加工区、保税区和宜居示范区；
- 南部一片区，即娄葑镇东区为老镇历史风貌区、滨江（娄江）文化娱乐区、宜居示范区、教育科研园区、滨江（吴淞江）旅游娱乐、文化创意园区、江南住文化示范区；
- 南部二片区，即郭巷街道和甪直镇为高新技术产业研发基地、文化创意园区、高新技术产业研发基地、江南住文化示范区、文化创意园区、低密度宜居示范区、滨湖（澄湖）旅游服务区、历史文化名镇风景旅游区。

### （四）2012年版规划（第四版）

2012年，《苏州工业园区总体规划（2012—2030）》获批。该规划对高位发展下的国际经验进行了比较研究，对苏州工业园区转型升级中的发展模式、资源环境、交通方式与产业结构等重点问题进行深入剖析，提出在建设用地总量基本不改的情况下，以"效率引领、低碳引导、协调提升"为理念，围绕如何建设成为国际化、现代化、信息化高科技园区和创新型、生态型、幸福型综合商务城区，进行存量空间的挖潜，提高土地利用效率，转变城市发展思路。

前后四版规划反映出苏州工业园区在各个不同历史时期面临的主要问题和相应的规划措施。通过对比规划措施和实际状况，更能发现不同规划措施在特定时期的实际效果。苏州工业园区的规划明显带有新加坡城市规划的痕迹，这是苏州工业园区成功借鉴新加坡城市规划经验的结果，也是独特的新加坡城市规划编制方法结合中国实际的成功试验。

## 三、原来规划还可以这样做！

苏州工业园区城市规划思想之新颖、手法之先进，即使对城市规划一点都不懂的人也能感受得到。例如，园区内很少堵车！虽然区内一直在进行修路、建房、埋设管线等基建工程，多次举行房产交易会等大型活动，中央领导视察和外国贵宾来访不断，交通却基本畅通无阻！

园区在制定城市规划时，一开始就采用了结构独特的功能用地布局。在首期开发区，采用了由西向东"轴向布局"的形式：商业区居于中心地带，其南北两侧，由内向外依次是居住区和工业区。工业区运输量大，重型车辆多，交通干线就被布置在园区的南北两边，远离商业区而紧靠园区外围。这样，重型交通与轻型交通分开，居民上班和逛街人流也分开，而且区内行人、车辆每次出行的路程都不长。此外，主干道连接次干道，次干道连接支路，结构清晰，分工明确，禁止支路与主干道交叉，禁止工厂面向主干道开门。其结果是：行人、快车、慢车各行其道，互不干扰。

园区社区生活，人们觉得非常方便。不同于传统社区居民生活服务设施"天女散花"式布局，苏州工业园区借鉴新加坡经验，所有商业服务、社会服务设施，包括农贸市场、邮政局、门诊、电影院、书店、阅览室、理发室、浴室、洗衣房、修理铺等，都集中在一起，称为"邻里中心"。全区规划了19个邻里中心，每个邻里中心为半径0.5平方公里的1万多户居民提供服务。同时规划了2个规模大于"邻里中心"的商业服务中心，在园区中央则规划了一个中心商城。这样，一方面大大方便了居民生活，居民区域整洁有序；另一方面，由于布局合理，商业服务、社会服务设施的经营者的经济效益也能得到保障。

## 四、为何能够"心想事成"？

"我们1994年拿到的发展蓝图与园区现在的实际模样十分接近，这在中国其他地区是罕见的！"这是第一家进入园区的外资企业三星电子（苏州）半导体有限公司负责人的评价。

在国内许多地方，规划是一回事，建设又是另一回事。建设成果与规划相对照，经常是面目全非，随意性太强。而在苏州工业园区，怎样规划的就是怎样建设的，施工中极少对规划进行结构性变动，给人一种"心想事成"的感觉。既没有一边建设、一边修改规划的混乱，也没有建好了又推倒重来的折腾，始终做到超前规划，坚持了"先规划，后建设；先地下，后地上"的原则。

要做到"心想事成"，就必须"想"得合理、严密、周到。苏州工业园区规划有一套庞大的体系：既有确定长远目标和宏观控制指标的"概念规划"，又有确定园区性质、规模、土地利用结构和总体布局、交通体系、基础设施标准和规模、环保和防灾体系、总体景观等的"总体规划"，还有建设指导和建设控制的"详细规划"，以及重点地段的"城市设计""景观设计"。这样，对于园区的开发建设和城市发展，无论是宏观指导，还是具体操作，都有了科学的依据。

基础设施建设的高标准，是园区规划经得起时间考验的主要原因之一。在启动之前，苏州工业园区就全面编制了各项基础设施的专业规划，在国内率先实行了高标准的"九通一平"，即道路、供电、供水、排水、排污、燃气、供热、通讯、有线电视全通和土地填高平整，这一标准即使放在发达国家也毫不逊色。此外，规划中环保意识也得到了充分体现，除了居住区与工业区分开，绿化率高达40%，污水100%截流。规划还规定，在居住区与工业区之间设置缓冲带，轻污染工业项目、一般工业项目、特殊工业项目和污水处理厂等易造成重污染的项目必须分别设置50米、100米、500米和1000米的缓冲带。园区基础设施的资金投入强度达到了国内国家级经济技术开发区平均数的2.5倍，仅仅在一期开发的13.5平方公里土地中，基础设施建设就投入了100多亿元。

在园区启动后的前一两年，由于大量"功夫"在地下，许多不明其理的苏州人曾经抱怨园区开发进展太慢，后来看到外商踊跃前来落户，方才领悟了这种"先地下，后地上"的妙处。

## 五、"留有余地"的妙处

苏州工业园区的规划，具有极强的执行力，同时又注意留有余地，有一定的伸缩性。

园区规划十分重视可操作性，不仅对土地用途和规模提出了开发准则和严格的管理要求，而且具体的控制指标大多也是定量化的，如对道路的停车口、红线，对建筑物的容积率、层高、门户朝向都作了明确规定，并落实到每一个地块。当然，任何规划都不可能十全十美，都必须根据不断变化的形势进行适当的调整。为了避免这种调整对整体规划造成大的冲击，在编制园区规划时，就考虑到了长远调整的需要，并预留足够的余地。例如，在土地利用上，安排了大量的预留地，以便于目前不可预见的用途；在道路交通方面，预留了将来发展轻轨交通的用地，在主干道交叉口预留了将来建设立交的余地。基础设施的标准和地下管线的铺设，都考虑了长期发展的需要。在严格维护总体结构的前提下，允许地块适当地分割、合并，土地用途可以在一定情况下置换，住宅的密度和位置可以略有更改，容积率允许在上限、下限之间浮动，等等。

事实证明，留有余地的灵活性为园区建设提供了方便。比如，在原来规划的中央商贸区有一块20公顷的地块，准备用来建设园区文化区，后来考虑到该地块如果作为园区文化区，面积足够大，但与整个苏州市区结合起来看，就显得小了，不符合建设"大苏州"的整体战略布局。于是将文化区位置向东推移,而将原来预留的地块建成了一座漂亮的"中央公园"。又比如,原来规划中要建的学校数量较多,每所学校的规模较小。后来规划部门采纳教育部门建议,根据实际情况,减少了学校的数量,增大了学校的规模。苏州工业园区规划局总规划师认为,这些修改是合理的,表明了规划的进步。由于早在规划中留有余地,后来的调整并没有影响园区的整体格局。

## 六、城市规划大于市长

规划建设界有句行话:"三分规划,七分管理。"苏州工业园区的规划者认为,国内目前许多地方强调规划管理的"市长负责制",相对于轻视规划工作而言是一种进步,但随意性过大。为此他们建立了"专家从严执法"的城市规划管理制度,摒弃了随意性,增加了透明度。严格按照城市规划组织城市建设,既确保了规划的切实施行,又保证了基础设施建设的高水平和总体布局的合理性。在苏州工业园区,"规划大于市长",已成为普遍接受的原则。

### (一) 规划"管得严"

在发达国家,规划被视作法律。通过借鉴新加坡经验,苏州工业园区十分强调为国内城市规划建设积累新经验,强调采用发达国家的通行办法,以政府批准的规划为法规,公诸于众。然后授权规划师分级管理,行政首长只处理极少数的特殊情况,同时对有规划管理权的规划师实施严格监督,确保了规划的切实施行。

新加坡对建设结构蓝图的管理十分严格,除了政府监督,还建立了"认可审查师制度"对蓝图进行审查。苏州工业园区借鉴这一经验,聘请建筑结构工程师,对建筑工程进行建筑结构施工图审批,对建筑消防和环保工程也进行审批,以确保建筑结构安全性、消防安全性和环保措施同时到位。这样由设计者、审查结构工程师和政府官员分别承担责任,形成了一个对建筑安全责任有多重保证的建筑结构安全保证体系。

按照新加坡经验,园区还采用了建筑使用证制度。每个建筑项目工程在竣工之后投入使用之前,均由规划部门对工程验收工作实行扎口管理。完全合格,才发放建筑使用证。为了确保建筑物的使用安全,及时对破损或陈旧的建筑物外墙、围栏予以整修,园区规划局还定期对建筑物进行检查。

在苏州工业园区,投资者购买土地之后,并非就可以随意决定如何使用这块土地。为了使园区土地得到最大程度的利用,园区规定了每平方米土地的土木工程最低投资额、设备最低投资额以及最低与最高容积率。兴建和购买的工业厂房,必须用于生产,而不能空置或转让。工业用地中生产面积必须达到50%以上,办公及其他辅助面积必须在25%以下。实践证明,这些措施有效地防止了土地使用性质的变相转换,保证了园区总体布局的合理性。

外商在园区投资选择地块时,工业项目只能在工业区,商业项目只能在商业区,房产项目只能在居住区,不能随意选择。同时,想在苏州工业园区投资,就必须达到园区远比其他地区高得多的环保标准。例如大气标准,国内其他地方一般是260~600毫克每升,而苏州园区为100毫克每升。园区的烟尘排放标准相当于国家需要特殊保护区域的标准。

## (二)规划"管得宽"

许多外地规划师到苏州工业园区参观后都有一个感觉:这里

的规划部门要管的范围真是宽!

"城市设计"即是一例。苏州工业园区是一座现代化的新城市,但它又不是孤立存在的。为了使园区与西边的苏州古城保持风格上的和谐,园区规划将城市中轴线置于苏州古城的延长线上。小桥流水的苏州古城没有6层以上的高楼,于是对园区与古城相连部分的建筑物进行了严格的高度控制。由西向东,建筑物高度逐渐升高。

在发达国家,城市设计已是一个广为接受的概念,但在国内,只重视单个建筑物的美观、个性,不注意城市整体和谐的情况相当普遍。国内许多城市常常是这边一片"北美风格",那边一片"欧陆风情",都想当"主角",没有配角,导致建筑风格互相矛盾、互相排斥。苏州工业园区则不同,对每一幢建筑物都有详细的《指导意见书》,必须遵照执行。对区内的广场、路灯、雕塑、车站,甚至于植物栽种,规划局都要管。

在整个园区,工业区和居住区的建筑物都不准挂广告牌,尤其不允许做屋顶广告。商业区虽然可以做广告牌,但广告牌大小、位置都必须经过严格审批。这么做,一方面是出于安全考虑,防止广告牌跌落造成危险;另一方面也是为了保持城市风格的整体效果。园区建设初期,不少单位通过各种关系找到规划局,要在不许做广告牌的地方做广告牌,都被规划局坚决地顶了回去。园区管委会曾经打算在办公大楼顶上做一个"区标"雕塑,后来考虑再三,觉得与整体风格有冲突,最终也没做。

执行规划最大的障碍是领导的干预,必须顶住这种干预,树立"规划大于市长"的理念。苏州市、园区管委会领导对规划的高度尊重,是苏州工业园区国际一流的城市规划得以充分贯彻施行的决定因素。著名建筑学家、中国工程院院士齐康曾先后4次前往园区考察，高度赞扬苏州园区这种"管得宽"的规划对国内各地的规划工作具有重大参考价值。

(三) 规划"管得活"

原则性与灵活性，是国内规划界长期没有处理好的一对矛盾。苏州工业园区通过借鉴新加坡经验，没有把规划看成僵化的东西，而是始终强调规划的灵活性。同时，与种种无原则的"灵活"相比，在苏州工业园区，规划的灵活性被严格地纳入法制轨道。在园区规划管理过程中，建设单位的正常建设过程由规划师全权处理。当建设单位对规划师的处理不够满意时，可以提出"违规申请"，还有一次"上诉"机会，由规划局局长进行裁决。如果违规申请或上诉合乎情理，将会得到灵活的妥善处理。这一制度的实行，保证了园区各项建设在总体上依照规划进行，为建设者的合理化建议留出了空间，同时又确保了对规划的修改不至于失去控制，还可使政府加强对规划师的管理和监督。

## 七、规划代替了 85% 的工作量

对于建设一座新城市而言，一流的规划，就是一流的路线、方针、政策。规划好，事半功倍；规划差，事倍功半。

苏州工业园区规划工作做得十分精细，开发建设中遇到的有关规划的大多数问题，在规划文件中都能找到现成的答案。行不行，依法办事即可。为了尽可能做到有法可依，园区先后编制了《城市规划建设管理办法》《建设项目环境保护管理办法》《公用事业管理办法》《施工现场管理办法》《建筑工程质量管理办法》《建筑企业管理办法》《危险废物污染防治管理办法》等制度性文件，这些管理办法既定性，又定量，还定位，非常容易操作。有人说，管理办法代替了规划局85%的工作量！

仅编制第一版苏州工业园区总体规划就用了一年多时间。随后每个规划的编制都经过了专家编制——公示并听取有关部门意见——政府批准——成为法规——三年小调整——五年大调整的过程，前面的工作做得细，后面的执行就简单了。

"我们规划的确做得比较贵，但这正体现了对知识和科学的尊重。在很多地区，规划不值钱，建设预算中很少有编制规划的费用，建筑工期中基本上不考虑编制规划所需的时间，这与发达国家规划时间约占工期1/3、规划费用约占建设费用5%到10%的水平相去甚远。有些城市巴不得今天提出立项，明天就拿出规划，这是对建设不负责任！实际上，建设项目的特色、水平早在规划阶段就已基本上确定了。"

从郊外鱼塘到现代化新城，从传统产业到高新技术产业，从25年前的一张规划蓝图和6本规划书到如今的创造千亿产值，苏州工业园区用一点一滴铸就了如今的城市样板。毫无疑问，当年拿3000万元做规划，有远见，花得值！

## 八、启　示

苏州工业园区的规划具有有序性、便利性、宜居性、严格性和灵活性的特点，对我们今后的园区建设规划具有较大的借鉴意义。

**启示一，确立创新理念，提前统筹布局。** 要搞好园区的建设，必须创新理念，不能为建园区而建园区。要在一个地区或地域的全局上做总体把握，树立一盘棋思想，将园区规划、产业定位放到区域经济发展的大局中去谋划，杜绝盲目规划、盲目建设，避免搞成要规模没规模、要特色没特色的工业园区，结果造成投入和产出比例的失调。

**启示二，积极引导，搞好产业规划**。苏州工业园区在产业布局上，把产业发展、科技创新、人才培养等综合考虑，在发展中不断更新，在更新中不断进步，促进社会和经济的良性发展。陕西省园区建设过程中，应当充分发挥本地独特的资源和区位优势，引进相关产业，从而展开借位竞争，促进经济加速发展。

**启示三，完善基础设施，增强服务配套功能**。完备的基础设施和配套保障是园区持续发展不可或缺的动力和源泉，是企业得以安心生活、生产的基本保障，必须在供水、供电、道路、通信等基础设施建设中给予企业最大的便利，最大限度地降低企业生产经营成本，同时，通过优质高效的服务，使项目早落地、早建设、早投产，从而提高企业的投资回报率。

**启示四，坚持法规先行，提高规划质量**。工业园区规划经过相关的审批程序被批准后，即应具备相应的法律效力，不得随意变更。苏州工业园区的规划几十年没有作过大的调整，一本蓝图绘到底，显示了规划的严谨性和科学性。我们在园区规划过程中同样也应该这样，在制定前就要把法律法规吃透，在此基础上经过深入研究、广泛调研，精心拟制，最后形成切实可行的规划方案。要根据自身的特点和区位条件量身定做，而不是照抄照搬，只有这样，才能避免园区规划建设的盲目性和随意性，提高规划的水平和质量，使其能更好地指导园区建设和发展。

| 园区创新发展理论与实践

## 点评

苏州工业园区的开发建设做到了"先规划、后建设,先地下、后地上"。苏州工业园区创立之初,借鉴新加坡和国际先进城市规划建设经验,编制了高标准的总体发展规划,建立一系列刚性约束机制,保证规划实施始终如一,实现"一张规划图,管它到结束",体现建设的科学性和可持续性。因此,苏州工业园区最值钱的东西,就是规划!园区的一半外商是靠规划引来的,国际一流的城市规划让苏州工业园区受益无穷。从这个角度讲,当初3000万元"买"来的"规划",很值!

## 思考题

1. 对照苏州工业园区超前规划的做法,分析你所在园区在规划工作中存在哪些问题?这些规划问题对园区发展带来了哪些不良的影响?

2. 你认为苏州工业园区超前规划的做法可以复制吗?主要的困难有哪些?要想成功复制,首先必须要解决好哪些主要问题?

# 邻里中心 产业家园 城市细胞

——苏州工业园区邻里中心开启产城融合必经之路

### 序言：处处是邻里　遍地有中心

2019年12月21日，位于苏州工业园区方洲路与钟南街交界处的兆佳巷邻里中心正式对外开放！这是园区内开放的第15个邻里中心项目，紧邻轨道交通1号线钟南街站，周边集聚中海、天地源等11个居住小区。邻里中心占地面积3.4万平方米，由6栋建筑、5大功能区组成，集民生服务、休闲餐饮、健身娱乐于一体，可满足周边居民的综合性需求。

实践证明，苏州工业园区每一个邻里中心都已经成为区域性商业服务亮点。说起邻里中心，苏州工业园区的人们就特别自豪，都说这是园区人家门口的幸福。

## 一、案例背景

和其他地方开发区的"产业主导"、产业先于城市发展的理念不同，苏州工业园区从建设初期就开始贯彻产业发展与城市建设并进，奉行产业发展与城镇建设同步的现代化发展理念，摒弃了单一发展工业的模式。在工业园区发展早期，就明确提出了建设

## 园区创新发展理论与实践

"具有国际竞争力的高科技工业园区和国际化、现代化、园林化的新城区"发展目标，通过工业化快速发展带动城市化的快速推进，进而通过城市化、现代化的快速提升，来支撑高端要素的集聚和产业的优化升级，实现产业与城市的良性互动、共生共融。苏州工业园区率先开展开放创新综合试验，成为全国首个开展开放创新综合试验区域。在商务部公布的国家级经开区综合考评中，苏州工业园区连续3年（2016、2017、2018）位列第一，并跻身建设世界一流高科技园区行列，入选江苏省改革开放40周年先进集体（2018）。

近些年，根据苏州中心城市发展新格局和工业园区城市发展新变化，围绕建设国际化、现代化、园林化、信息化城市这一目标，又将发展目标进一步提升为建设"具有全球竞争力的国际化、现代化、信息化高科技园区和可持续发展的创新型、生态型、幸福型综合商务城区"，在城市和产业的协调联动、融合发展中形成"双提升、一体化"的互动并进格局，走出了一条新型工业化与城市现代化有机结合的新路。

正是这种国际化视野和全球化眼光所引领的现代化都市产城融合发展理念，决定了苏州工业园区的产业发展并不是单纯为产业而产业，不是为产业发展而舍弃环境约束，不是为产业发展而不顾城镇发展格局，而是始终在城镇建设和产业发展相互协调的框架内考虑产业发展的次序、布局和方向，并相应地在产业发展的不同阶段，适时调整城镇功能与定位，高起点、高标准、严要求推进城乡建设，实现产业发展与城市建设二者的良性互动。

苏州工业园区经历了"以产兴城"，正在进入"产转城升与产城共荣"的发展新阶段，对集聚高端生产要素，凝聚价值和品质生活要素方面提出了更高的需求，对园区城市品质经营提出了更高的期望。

## 二、问题的提出

改革开放以来，随着工业化、城市化的推进，工业园区逐步发展壮大。2005年后，我国产业园区发展带动了新城、新区和大学城等多种新型城市空间的出现，逐步在地区发展中承担起经济推动器的作用。然而，由于发展观念上的不足，我国工业园区的商业、生活等功能普遍滞后于生产功能的发展，商业、住宅以及公共服务等配套设施不足，与城市功能区、居民生活区、办公区不能有效衔接，出现了"生活功能"相对滞后于"生产功能"、"公共服务建设"落后于"经济建设"的现象，制约了城市的发展，伴随而来的是大量"空城""睡城"的出现，形成"孤岛经济"，制约了产业园区的可持续发展及其与周边城市的融合。

随着全球产业升级及产品更新换代速度的加快，传统以制造业为主、强调对外出口、以外资为导向的产业园区发展策略逐渐被以产业集群为单位、规模化发展、高新科技与现代服务业相结合的发展理念所取代；与产业园区密切相关的城区面临区域化发展的趋势，城乡地域空间结构开始向一体化协调发展，"大都市区"概念逐步形成，对产业园区提出了新的发展要求。在此背景下，"产城融合"理念应运而生。

2014年3月16日，中共中央、国务院印发《国家新型城镇化规划（2014—2020年）》。规划强调"以人为本，以人为核心"的城镇化，并提出要加强现有工业园区的功能改造，使之向综合城市发展。具体来讲，就是要"统筹生产区、办公区、生活区、商业区等功能区规划建设，推进功能混合和产城融合，在集聚产业的同时集聚人口，防止新城新区空心化"。可见，产城融合是推进工业园区向新城转化、优化工业园区自身发展的途径，也是解决城市问题的重要举措。以产城融合为导向的园区转型升级的核心是要改变以往只注重产业发展而忽视城市建设的做法，要向集生产与生活功能一体化的工业园区转型。

产业与城市相互依存，两者的融合发展离不开人。产业、城市、人处于一体化的系统中，相互促进、共同发展、融为一体，成为产城融合的基础、前提和核心。一方面，产业发展为城市发展提供动力，城市功能的完善可以改善人的生活环境，使人的效用增加，吸引更多人聚集。而人作为产业发展的关键要素投入，是产业发展的动力源泉，进入产业循环过程当中，推动着产业发展。另一方面，城市为产业发展提供公共服务和基础设施支撑，产业发展给人带来收入的增加，而收入的增加又会对城市功能提出更多的需求，从而带动现代服务业的发展，提升城市功能，再次进入城市发展新一轮循环当中。因此，产城融合最终要达到一种产城互促、宜业和宜居相结合、产业发展与绿色生态共存的状态。产城融合是以产业为基础，驱动城市完善服务功能；以城市为前提，承载产业发展；以人为核心，推动产业和城市共同发展，从而实现产业、城市、人三者良性互动、生态健康持续的发展。

城市功能的提升是产城融合发展的重要领域和关键要务，其本质上是地方政府为促进地方产业发展壮大，针对不同发展阶段、发展定位及发展需求所提供的各种有形无形地方性公共产品和公共服务的总和，在一定程度上反映了城镇支撑产业发展的能力和实力，是地方经济发展软实力的集中体现。缺乏城市功能的匹配和提升，产业园区常常陷入"空转"和"产业孤岛"的困境。从产城融合协调发展视角来看，城市功能对地方产业发展构成支撑的地方性公共产品和公共服务，包括产业共性生产要素的供给优化、良好的生活配套，以及城市整体发展环境的优化。

苏州工业园区由产业园区向城市新区的转型为我国工业园区转型升级、实现产城融合提供了很好的借鉴。苏州工业园区在成立后的第四年就建成了第一个安居小区，在解决园区工作人员住宿问题的同时，也为园区引进很多优秀人才；同时，园区生活配套设施同步跟进，实现了园区产业、生活和服务等功能的复合。园区成立10周年时，产业区与生活社区基本实现布局融合，各类配套继续升级。2006年至今，园区不断完善现代服务功能，建成了集商务文化中心、高档酒店、会展中心以及生态旅游于一体的商务新城。

## 三、邻里中心，产城融合的成功实践

产城融合发展的质量和高度，很大程度上取决于城市城镇在区块功能优化、生活配套改善、社会治理创新和品质文化塑造等软实力方面的综合表现。

为达到上述要求，苏州工业园区确定了城市中心、片区中心、邻里中心和居住小区中心四级公共服务体系，以满足不同层级和不同人群的功能需求。其中城市中心不仅是园区的公共服务中心，也是整个苏州市的商业商务中心；片区中心为20万~30万人提供服务，服务于各自的功能片区；邻里中心服务人群为2万~4万人，主要为居民提供较为综合、全面的日常生活服务项目；居住小区中心服务人群为1万~1.5万人，满足居民最基本的日常生活需求。

"邻里中心"这个概念产生于20世纪60年代的新加坡，是在社区商业的基础上进化而来的，相当于国内的社区服务中心，是指在3000~6000户居民中设立一个功能比较齐全的商业、服务、娱乐中心。简单说，邻里中心"集基本服务、公益服务以及商业服务等多种服务功能于一体"，将所有社区服务设施（农贸市场、邮政所、银行、阅览室、卫生服务站、理发室、洗衣房、修理铺等）合理集中，组合发展，实现了便民服务与区容区貌、城市交通、人居环境的高度统一，其实质是以人为本、服务于社区发展的一站式商业服务中心，是"服务于社区的商业"，被誉为"区域性商业服务中心开发建设的一个新的里程碑"。统一规划、有序发展、均匀分布是新加坡邻里中心的发展理念。

作为苏州工业园区内的邻里中心，立足于"大社区、大组团"的先进理念进行功能定位和开发建设，主题明确、功能互补，集基本服务、公益服务以及商业服务等多种服务功能于一体，主要服务于工业园内的居民，然后向周边辐射，是不同于百货公司、超市、卖场、商业街的第五种商业业态，即社区商业业态。每一个邻里中心均为与住宅分离的独立建筑，与小区开发总量的配套比例约为3%，区内其他地方不再建路面店、宅下店。这样不仅避免了重复建设，还实现了便民服务与区容区貌、城市交通、居住环境的高度统一。通过统一规划、管理，使各业态间形成互动，同时发挥各自的品牌效应。

邻里中心具有以下四大特色：

第一，社区建设紧密结合以人为本。以居住人群为中心，全部设施紧密围绕人们在居住地附近生活和文化交流的需要，构成了一套巨大的家庭住宅延伸体系，比如：菜场、超市是厨房的延伸；浴室、洗衣房是卫生间的延伸；餐饮、小吃是餐厅的延伸；影院、茶座、歌舞厅是客厅的延伸；图书馆、阅览室是书房的延伸。

第二，集中商业满足多种需求，更加便利。把日常商业和服务设施集于其中，既缩短了这些设施与社区居民的距离，又满足了人们的多样化需求；既便民、利民，又提高了居民的生活质量和城市环境质量。

第三，邻里中心以服务本区多个住宅小区居民的日常生活为主，有别于中心商务对外交流为主的城市功能，但两者又互为交叉，共同构成城市人居活动中心的完整系统。邻里中心不仅提供购物、餐饮、休闲、娱乐服务，还提供文化、教育、体育、卫生、医疗等方面的服务，如语言培训中心、音乐培训中心、读书阅览室、健身俱乐部、室外健身设施，以及社区卫生服务站等一系列的服务。通过综合规划、统一管理向服务区域的社区居民提供高品质的社区商业服务功能。邻里中心除了 12 项必备功能（银行、超市、邮政、餐饮店、洗衣房、美容美发店、药店、文化用品店、维修点、社区活动中心、净菜场、卫生所）以外，还具有向中介、旅游、家政、房产、法律等方面服务的深化功能。

第四，政府调控，增加就业机会。在政府的规划要求下，发展商通过高起点的商业开发运作，为社区居民提供教育、文化体育、生活配套等服务，这种不断完善的商业组合，取得了相当可观的经济效益，更提供了诸多就业机会。

邻里中心的区域性服务特征，决定了其有明确的服务对象、服务范围和服务人口，必须通过科学的规划来避免重复建设、资源浪费和恶性竞争，实现便民服务与区容区貌的高度统一。配套完善、服务功能齐全是邻里中心以人为本的重要体现。除了满足基本生活需要，邻里中心还设有民众联络所、社工委、公益服务组织等机构，探索创新社区服务管理模式，实现了商业服务与社会公益服务的有机结合，达到消费者满意、经营者满意和政府满意。

## 四、苏州工业园区邻里中心发展阶段及其特点

中国的邻里中心在借鉴新加坡公共管理先进理念的基础上，由苏州工业园区率先引入国内。苏州工业园区结合自身园区商业开发，并通过多年实践已摸索出一整套适合中国国情的商业地产开发运营管理模式，苏州工业园区邻里中心也成为集商业、文化、体育、卫生、教育于一体的区域性商业服务中心。

当年中新两国政府签署苏州工业园区开发协议时，就明确规定"在首期8平方公里内规划17个组团，每个组团设有一个邻里中心，服务半径1.5公里之内的居民"。建设邻里中心在苏州工业园区开发之初就已被写入规划。

1997年，苏州工业园区管委会开始建造中国第一个邻里中心项目，为此专门成立了苏州工业园区邻里中心发展有限公司对邻里中心进行物业管理。在建设第二个邻里中心时，园区管委会决定按照市场化模式经营邻里中心，随后调整了邻里中心发展有限公司的业务职责和架构，让其作为一个商业房地产主体进行全过程开发建设，全面开发、运营所有的邻里中心，充分体现了政府决策的前瞻性和战略性眼光。后期随着股权的改革和经营内容的不断演变，企业业态和公司经营模式逐步丰富，并进而演变为现在的邻里中心。

1998年，苏州工业园区规划了20个邻里中心。不过，根据最新的城市规划，在产城融合的发展理念下，规划建设"邻里中心"42个，目前已建成20个。苏州工业园区邻里中心建设至今已经经历了三个发展阶段：

**第一阶段，导入新加坡经验、创立品牌。**

1996年，苏州工业园区启动了占地32万平方米的园区安居工程——新城花园，在高标准建设居住区配套设施的规划理念指导下，园区管委会投资6000万元建成了1.8万平方米的首个邻里中心——新城大厦，项目集银行、邮局、诊所、电影院、儿童乐园、书店、画廊、阅览室、歌舞厅、美容院、浴室、洗衣房、彩扩中心、餐饮店、修理铺、超市、健身房、旱冰场、桌球房和保龄球馆等商业、休闲多种功能服务于一体，为住宅项目的成功开发及提升居民生活品质提供了保障。

新城大厦开业初期，周边社区仍未完善、人气严重不足，只能通过一些大型的促销活动或主题活动来聚集人气。由于该中心以零售业为主的功能定位不够贴近社区生活，导致加盟商家进出频繁、企业亏损严重。

2000年5月，随着园区已建成住宅小区不断增加的配套生活需求，园区管委会又投资4000万元建设了总建筑面积为9460平方米的第二个邻里中心——贵都大厦。该大厦在邻里中心常规日常生活必备功能的基础上，又增设了少儿娱乐中心、屋顶网球场等社区活动中心，为周边居民的生活便利和文化娱乐提供了完善配套。该中心在功能定位上以服务业为主（占80%），其中40%~50%是餐饮业；在开发模式方面引入商业地产开发模式，开发写字楼并转让产权，成功实现了从原来单纯的物业管理跨越到"现场管理加物业管理"。

新城大厦、贵都大厦以及后来的师惠大厦、湖东大厦四个项目形成了第一代邻里中心。初期的邻里中心的业态落位、选址、建筑方案设计等方面在现在看来存在很多问题。首先，开发模式方面。新城大厦是由管委会政府开发建设，而湖东大厦是园区某房产公司进行设计、开发、建设，然后再转让出售给邻里中心公司，对于内部结构和业态布局在设计之初没有较多考虑。其次，业态落位方面。合理的业态落位可以给整个邻里中心提供良好的顾客消费导向，业态多而全是邻里中心的特点，不能有所偏重。第一代邻里中心中的师惠大厦，由于出售产权比例过高，导致业态落位不合理，基础服务功能业态偏少，餐饮和购物零售比例偏高，整体运营情况相比其他邻里中心较差。再次，建筑动线方面。一个良好的商业动线最好是形成环路，而新城大厦一层平面，北部区域为射线形式，造成北部区域商铺很少有顾客惠顾；湖东大厦主楼区域，内部商铺被分割成网格状，成为商业建筑设计的反面典型。最后，选址定位方面。贵都大厦位置在小区和运河的内侧，只有贵都花园小区内部的居民熟知，外部顾客难以找到其位置；即使能找到，也会因为停车和可达性较差等原因选择离开，从而给运营和管理带来不利影响。

**第二阶段，市场化运作、规模化发展。**

在第一阶段成功实施的基础上，邻里中心开始向连锁发展，着手滚动开发建设，其服务对象由逐年增加的周边居民向园区企业白领阶层扩张，消费需求呈现低、中、高三种档次，服务功能定位也注重综合性、多层次、多功能，开始把注意力放在满足居民增长较快的非商品性需求上。

以玲珑、翰林、沁苑邻里中心为代表形成了第二代邻里中心。在吸取了一代邻里中心的经验和教训后，在业态落位和配比上有了较大进步，基本做到了整个邻里中心较为齐全的业态设置。但该时期邻里中心的建设没有充分考虑到周边小区和住宅的居民数量，前期没有做完善的市场调研，在建筑平面和机电设施布局方面未能预先考虑到不同业态的具体需求，导致后来为了满足商家的要求，进行了大量的设计改变。建筑动线方面，延续了老式的商业平面布局，不能良好地引导顾客和消费者，为后期部分商家的经营带来了困难。选址定位方面，第二代邻里中心的建筑相关参数未能考虑到5年之后周边小区住宅的规模增长，仅是按照当时实际的人口规模和辐射距离进行建设选址和参数设置，没有为远期发展预留空间，整个建筑体量过小。玲珑和翰林邻里中心甚至进行了二期的扩建，增加了大量的开发成本；同时也不利于内部商户经营，更为周边居民带来了不便。

2005年，邻里中心开始从最初的"满足居民基本生活需要"向品牌标准化、企业规模化方向进行战略转型，积极引进个性功能突出的中高档服务品牌，不断拓展服务，提高消费丰富度，逐步建成消费者、经营者及政府三方满意的"百姓精品店"。

第三代邻里中心是在2009年之后建设的，充分考虑到前两代邻里中心的相关不足的基础上，进行了大胆改革。此时建设的邻里中心符合时代的进步与发展，权衡各方各面，同时一些做法具有超前的前瞻性和优越性。可以说，邻里中心具有了跨时代的进步，也迅速成为了中国社区商业的第一品牌。每一座邻里中心都已成为区域商业服务业亮点，并带动周边住宅品质的提升。

业态配比方面，第三代邻里中心明确了业态发展的侧重点和方向，在齐全的基础上，明确邻里中心的核心是服务周边居民。业态布局以民生工程为重点配置，从传统的黄金商业比例"532"，调整为"333"的均衡比例，即形成餐饮、零售、服务三方面均分的良好的社区商业比例。建筑动线方面，摒弃一代、二代邻里中心的建筑平面，从顾客的消费习惯和心理出发，学习国际先进的商业动线，以回路和U型建筑平面动线为基础，结合业态穿插落位，合理进行内部平面设计。选址落位方面，结合园区总体规划的最新布局，充分从长远考虑，合理定位并考虑整体的技术参数。在服务人群和辐射范围方面，都做到了合理规划选址。同时也分层级进行邻里中心定位，使得各个邻里中心有其各自的特点。其他方面，与园区的道路、市政、社会服务等选址进行了完美有机结合，做到了综合一体化服务，方便了周边人群生活。

**第三阶段，异地扩张、品牌输出。**

邻里中心项目成功实施后，南京、温州、上海等地的一些开发商纷纷提出合作加盟邻里中心的愿望，全国更多的企业、开发区也希望复制园区邻里中心的成功经验。2008年1月，邻里中心与万科达成战略合作；2月，注册成立了全资子公司——江苏省苏宿邻里中心开发有限公司，负责开发运营苏宿工业园区规划的4个邻里中心。从此，邻里中心开辟了一条以轻资产输出为特色的"走出去"之路，将品牌触角伸向全国。目前，邻里中心品牌输出、轻资产服务项目已经遍及全国9个省、27个城市的69个合作项目，规模达到181.51万平方米。从借鉴到输出，邻里中心逐渐探索出一条全方位、多层次、综合性的社区商业服务特色发展之路。

2015年6月，邻里中心被国家工商总局商标局认定为"中国驰名商标"，成为社区商业领域的一块金字招牌，逐渐确立了其在国内居住商业的领先优势，形成了"邻里中心""邻里假日酒店""邻里生鲜""邻里1+1"一主三副的品牌群格局。

❖ 邻里中心及其三个衍生品牌

## 五、尾 声

截至2019年年底，苏州工业园区已开业运营邻里中心项目15个，在建3个，规划中1个。为将商业和公益服务有机结合，每个项目不低于45%的面积必须用于基础型商业和公共服务配套。其中基础型商业包括邻里生鲜、通信、银行、药店、理发店等，公共服务配套包括民众联络所、社区工作站、公共文体服务等，实现了居民在家门口体验一站式生活配套服务的需求。

表1 苏州工业园区邻里中心一览表

| 序号 | 项目名称 | 面积（万平方米） | 开业时间 | 备注 |
| --- | --- | --- | --- | --- |
| 1 | 新城邻里中心 | 2.08 | 1998.05 | 第一代 |
| 2 | 贵都邻里中心 | 1.08 | 2001.05 | 第一代 |
| 3 | 师惠邻里中心 | 1.24 | 2004.05 | 第一代 |
| 4 | 湖东邻里中心 | 2.97 | 2004.08 | 第一代 |
| 5 | 玲珑邻里中心 | 2.01 | 2006.12 | 第二代 |
| 6 | 沁苑邻里中心 | 1.19 | 2007.05 | 第二代 |
| 7 | 翰林邻里中心 | 2.35 | 2008.09 | 第二代 |
| 8 | 方洲邻里中心 | 2.90 | 2010.12 | 第三代 |
| 9 | 唯盛邻里中心 | 1.25 | 2011.06 | 第三代 |
| 10 | 科技城邻里中心 | 1.77 | 2011.08 | 第三代 |
| 11 | 东沙湖邻里中心 | 5.58 | 2012.12 | 第三代 |
| 12 | 金鸡湖邻里中心·邻瑞广场 | 15.21 | 2013.06 | 第三代 |
| 13 | 独墅湖邻里中心 | 2.5 | 2015.12 | 第三代 |

续表

| 序号 | 项目名称 | 面积（万平方米） | 开业时间 | 备注 |
|---|---|---|---|---|
| 14 | 景城邻里中心 | 3.0 | 2016.10 | 第三代 |
| 15 | 兆佳巷邻里中心 | 3.4 | 2019.12 | 第三代 |
| 16 | 水坊路邻里中心（在建） | 1.9 | 预计2020年底 | 第三代 |
| 17 | 斜塘邻里中心（在建） | 3.6 | 2020年上半年试运营 | 第三代 |
| 18 | 阳澄湖邻里中心（在建） | 4.6 | 预计2020年底 | 第三代 |
| 19 | 钟南邻里中心（规划中） |  | 预计2023年 | 第三代 |

2018年4月2日，由苏州新建元控股集团发起设立的"中联东吴——新建元邻里中心资产支持专项计划"，在上海证券交易所成功挂牌上市，由此开创了中国社区商业资产证券化运作的先河，创造了又一个"中国第一"！邻里中心通过REITs项目，有效对接资本市场，形成邻里中心项目"开发—成熟—REITs—再开发"的良性循环；通过滚动开发，实现邻里中心各项便民惠民服务在更广阔范围的发展，让更多居民能够享受到"家门口的幸福"。

## 六、启　示

启示一：在产业园区规划编制时，必须提前考虑集中建设生活配套设施，通过建设邻里中心，集商业服务和社会服务于一身。

启示二：邻里中心建设要做到主题明确、功能互补，必须集基本服务、公益服务以及商业服务等多种服务功能于一体，主要服务于工业园区内的居民，然后向周边辐射。

**启示三：邻里中心模式中，政府在主导公共服务资源供给的过程中采用了市场化的方式。**政府的角色在于宏观的决策，如决定公共服务由谁生产、为谁生产、生产的数量和质量等。至于社区公共服务资源的生产和提供，完全可以通过以服务和盈利并重的市场化原则，构建一个以现代企业制度为载体的组织实体来履行经营服务、场地租赁、合同承包、特许经营等资源的产出形式。在政府的主导下，以市场机制为杠杆，通过多种方式调动公营事业部门、私营部门等市场主体参与社区公共投资项目，在竞争中完成社区公共服务的供给。同时，作为政府的代理人，像邻里中心这样的经营实体应主要发挥组织、服务和监管作用，通过公平公开竞争、定向委托、合同管理等市场化运作机制，将具备购买服务条件的项目交由市场主体或社会组织实施。在市场化运行过程中，政府要加强对项目实施全过程的管理和监督，切实降低成本，确保公共服务质量，提高社区居民的满意度。即使是对物业管理类等完全市场化的服务项目，因涉及社区居民的公共利益，政府也需对服务的价格和质量加以监管。

## 园区创新发展理论与实践

### 点评

苏州工业园区邻里中心建设之初,将中国国情与新加坡邻里中心的商业功能、民众联络所、政府部门投资建设的社会公益性设施有机结合,使之融为一体,建立了新型的商业开发和社区管理模式;将与居民日常生活密切相关的购物消费、休闲娱乐、文化体育、公共服务、居民参与等集中在邻里中心这个社区综合服务平台,统一提供服务。通过提前做好规划,在布局产业园生产、科研和服务设施的同时,进行生活配套设施建设,实现产业发展和城市生活的有机统一,使邻里中心真正成为产业家园、城市细胞。

### 思考题

1. 对照苏州工业园区邻里中心的建设,分析一下本地区产业园规划和建设中存在的不足。这些不足对产业园未来的发展会带来哪些不利影响?

2. 学习苏州工业园区成功经验,在未来制定园区产城融合发展规划时,如何设计布局邻里中心?对已有的产业园区,如何加以弥补和完善?

# 不断延伸的"中关村"地图

## ——中关村科技园区创新创业开放式发展之路

## 序 言

2020年1月9日,青岛·中关村信息谷创新中心揭牌仪式在青岛红岛国际会议展览中心隆重举行。作为落实京鲁协同发展的一项重要实践,该中心将整合北京中关村在全球的创新网络资源与青岛的区位优势及产业基础,以科技成果转化、构建类中关村生态体系为核心,共同打造一个立足青岛、联动京津冀、辐射东北亚、面向全球的国际开放平台及创新交流窗口。该中心将中关村的创新基因和青岛紧密结合,打造一个融合发展的标志性中心,后续还会不断地把中关村的创新资源导入青岛,同时也激活青岛的内生动力,实现青岛的新旧动能转换。

根据规划,青岛·中关村信息谷将从空间上按照"一中心、一基地、一园区"三步来打造,按照"一中心一基地"先行先做,用3年左右的时间谋划打造一个园区。一年目标聚集50家企业,3年目标聚集150家至200家企业,5年聚集300家左右企业,实现创新生态的微聚集,成为示范引领的标杆项目。当天活动现场举行了青岛·中关村信息谷创新中心首批意向落地企业签约仪式,深之蓝水下智能科技、军研科工智能科技等18家优质企业签订了入驻协议。据了解，签约企业中，有 12 家是发展潜力巨大的"独角兽"或"准独角兽"。

在当天的活动中，中关村区域协同产业发展联盟同步启动，这标志着"中关村"模式开放式发展进入了新的阶段。

## 一、中关村科技园区发展简介

中关村国家自主创新示范区（中关村科技园区）起源于 20 世纪 80 年代初期的中关村电子一条街，是中国改革开放的产物。

1978 年 3 月，全国科学大会召开。"科学技术是生产力""知识分子是工人阶级的一部分"等科学论断，使得中关村地区广大科技人员感受到"春天"的来临，重新燃起科技报国的激情。从那时起，以中国科学院物理研究所的陈春先为代表的一大批科技人员走出科研院所和高等院校，纷纷下海，创办民营高科技企业，逐步形成了中关村电子一条街。

中关村地区不断涌现的民营高科技企业得到党中央和北京市委的大力支持。1988 年 5 月，经国务院批准，中国第一个国家级高新技术产业开发区正式成立。1999 年 6 月，国务院《关于建设中关村科技园区有关问题的批复》，原则同意关于加快建设中关村科技园区的意见和关于中关村科技园区的发展规划。同年 8 月，北京市新技术产业开发试验区更名为中关村科技园区。2009 年 3 月，国务院印发《关于同意支持中关村科技园区建设国家自主创新示范区的批复》，明确中关村科技园区的新定位是国家自主创新示范区，目标是成为具有全球影响力的科技创新中心，并同意在中关村示范区实施股权激励、科技金融改革创新等试点工作。中关村成为中国首个国家级自主创新示范区。

经过30年的发展建设，中关村已经聚集了以联想、百度为代表的高新技术企业近2万家，形成了以下一代互联网、移动互联网和新一代移动通信、卫星应用、生物和健康、节能环保以及轨道交通6大优势产业集群以及集成电路、新材料、高端装备与通用航空、新能源和新能源汽车四大潜力产业集群为代表的高新技术产业集群和高端发展的现代服务业，构建了"一区十六园"各具特色的发展格局，成为首都跨行政区的高端产业功能区。

2019年，中关村示范区高新技术企业超过2.2万家，总收入超6.5万亿元，拥有336家上市公司，其中境内上市公司229家、境外上市公司107家、独角兽企业80家，绝大多数都是高精尖企业。目前，在中关村示范区，人工智能、集成电路等高技术产业总收入超过4万亿元，占示范区总收入近7成的比重，增速稳定，形成了以人工智能、集成电路、新一代信息技术、生物健康、智能制造和新材料为代表的新兴产业集群。其中，新一代信息技术产业规模超过2万亿元，大数据、信息安全市场占有率位居国内第一，集成电路设计收入约占全国的1/3。这些数据充分表明中关村企业具有很强的技术创新能力，中关村高精尖产业持续蓬勃发展，有效地支撑了北京市经济高质量发展。

30余年来，中关村示范区的建设和发展得到党中央、国务院高度重视，先后8次作出重大决策部署。2013年9月30日，中共中央政治局第九次集体学习选择在中关村举行，中共中央总书记习近平发表重要讲话。习近平在讲话中指出，中关村已经成为中国创新发展的一面旗帜，面向未来，要加快向具有全球影响力的科技创新中心进军。

今天，中关村园区的技术影响力、知识影响力和资本影响力，已经辐射到中国其他地区，也为世界提供了"解决方案"。美国

《福布斯》杂志曾经断言，北京中关村凭借良好的早期融资氛围等因素，已经取代硅谷，成为世界最大的科技中心。

## 二、从"1区"到"16园"的传奇

狭义的"中关村"位于北京市西北角，20世纪80年代初期，曾是著名的"电子一条街"，为中国改革开放作出了突出贡献。这条街，由"大"到"小"再到"无"，从售卖台式组装机到叫卖电子零配件再到互联网虚拟产业蓬勃发展。这条街，从"无"到"小"再到"大"，从双创团队项目孵化到对北京市经济增长贡献率近4成，再到聚集全球300多家跨国研发中心，链接全球创新网络。这里已然成为全国科技创新中心中最重要的发展区域之一，也是新发展理念的先行先试区。

从1994年4月起，中关村科技园区先后3次调整范围，经历了"一区三园""一区五园""一区七园"的发展格局，但政策区域范围始终保持100平方公里不变。2006年1月，经国务院批准，中关村科技园区规划用地总面积为232.52平方公里，形成包括海淀园、丰台园、昌平园、电子城、亦庄园、德胜园、石景山园、雍和园、通州园、大兴生物医药产业基地等在内的"一区十园"布局。2012年10月，国务院印发《关于同意调整中关村国家自主创新示范区空间规模和布局的批复》，原则同意对中关村国家自主创新示范区空间规模和布局进行调整。调整后，中关村示范区空间规模扩展为488平方公里，形成了包括海淀园、昌平园、顺义园、大兴—亦庄园、房山园、通州园、东城园、西城园、朝阳园、丰台园、石景山园、门头沟园、平谷园、怀柔园、密云园、延庆园16园的"一区多园"发展格局，各个园区可以分享中关村科技园在重大项目、政策先行先试、体制机制创新方面的政策红利。

目前，北京16个区每个区都设有中关村科技园，这并不是恶性的竞争，而是不同功能的定位，每个区的分园都将围绕一个或者几个战略性新兴产业作文章。海淀园"一城三街"成引擎，东城园胡同变身创意工厂，西城园互联网金融借势腾飞，朝阳园高新技术支撑发展，丰台园携手发展前沿技术，石景山园科技金融文化融合，通州园种业培育打破国外垄断，顺义园航空、汽车和新材料高科技"点纸成金"，大兴—亦庄园医药、芯片和显示器产业链走向高端，昌平园医药、高端装备等新兴产业强劲发展，房山园高端制造渐成气候，门头沟园"迁"和"引"中通过结构调整寻求发展，平谷园工业转型走向高新，怀柔园建设纳米产业"国家队"，密云园医药建材等五大产业主导发展，延庆园新能源引领经济发展。

中关村科技园在北京各区的四面开花，从另一层面分散了北京城区的功能压力，带动了其他区的综合发展。在整体经济建设的层面，也会带动其他周边外省市城市的发展。距离北京市延庆最近的河北怀来县就在和延庆共同打造延怀河谷产业带，这对于怀来县是难得的发展机遇。做大相近产业，做细差异产业，这也是当前北京市周边城市快速发展的关键。

除了"一区十六园"的大空间布局建设外，中关村科技园最引人注意的就是"1+6"的先行先试政策，"1"是指搭建统一的中关村创新平台，"6"是指六项有利于创业型、创新型企业的成长的科技创新改革政策：科技成果处置权以及收益权的改革试点；股权奖励的个人所得税试点；股权激励审批实施试点；科研经费项目改革试点；完善高新技术认定试点；率先探索建立统一监管下的全国性场外交易市场。

根据《北京市政府工作报告》，2019年，北京市研发投入强度达到6%左右，技术合同成交额近5700亿元，发明专利授权量增长13.1%。同时，中关村科学城、怀柔科学城、未来科学城、北京经济技术开发区（简称"三城一区"），构成了北京市建设全国科技创新中心的主平台、中关村示范区自主创新的主阵地。

#### 中关村创新平台

2010年12月31日，在中关村国家自主创新示范区部际协调小组领导机制下，"中关村科技创新和产业化促进中心"（简称"中关村创新平台"）在北京成立。中关村创新平台由国家有关部门和北京市共同组建，重在进一步整合首都高等院校、科研院所、中央企业、高科技企业等创新资源，采取特事特办、跨层级联合审批模式，落实国务院同意的各项先行先试改革政策。

平台下设重大科技成果产业化项目审批联席会议办公室、科技金融工作组、人才工作组、新技术新产品政府采购和应用推广工作组、政策先行先试工作组、规划建设工作组、中关村科学城工作组和现代服务业工作组等8个工作机构，19个国家部委相关司局和31个北京市相关部门派驻人员到平台办公，围绕重大科技成果转化和产业化项目、先行先试政策扶持等受理事项开展工作。

## 三、京津冀协同创新共同体

在全球化和知识经济时代，创新成为经济发展与国际竞争的决定性因素。在后金融危机时代，发达国家强调要突破行业、区域、国别界限，构建能最大限度地整合全国乃至全球资源的"创新共同体"，以保持其科技创新的世界领先地位。如美国为了应对国际金融危机，提出要着力打造一个能够将全国各个创新主体系统连接起来的"美国创新共同体"，以促使该体系全面承担起美国研发竞争力提升的主要任务。欧盟为解决欧洲创新竞争力日益衰竭的问题，组建了"欧洲创新工学院"（EIT），首批启动了3个知识与创新共同体，包括气候变化与创新共同体、可持续能源知识与创新共同体、未来信息技术知识与创新共同体，提出要通过内生性发展、智能发展和可持续发展，把欧盟建设成为世界上最具竞争力的知识型经济体。

京津冀包括北京、天津、河北三省市，地域面积约21.6万平方公里，占全国的2.3%；2018年末常住人口约1.1亿人，占全国的8.1%；地区生产总值8.5万亿元，占全国的9.4%。京津冀同属京畿重地，濒临渤海，背靠太岳，携揽华北、东北和西北，战略地位十分重要。北京作为首都，政治地位突出，文化底蕴深厚，科技创新领先，人才资源密集，国际交往密切。天津拥有北方最大的综合性港口，制造业基础雄厚，研发转化能力较强，发展势头良好。河北自然资源丰富，劳动力相对充裕，产业基础较好，经济体量较大，具有广阔的发展空间。京津冀地缘相接、人缘相亲，地域一体、文化一脉，历史渊源深厚、交往半径相宜，为实现优势互补、协同发展提供了良好条件。

京津冀地区是我国创新资源最密集、产业基础最雄厚的区域之一。但是京津冀作为一个区域经济整体，与世界其他著名经济区及我国长三角、珠三角地区相比，产业水平存在一定差距，自身发展也面临诸多障碍，存在创新资源配置不均等问题。因此，京津冀协同发展，难点在协同，突破靠创新。

2014年2月26日，习近平总书记主持召开座谈会并发表重要讲话，将京津冀协同发展提升到重大国家战略的高度。2015年6月，中共中央、国务院印发实施《京津冀协同发展规划纲要》（以下简称"《规划纲要》"），从战略意义、总体要求、定位布局、有序疏解北京非首都功能、推动重点领域率先突破、促进创新驱动发展、统筹协同发展相关任务、深化体制机制改革、开展试点示范、加强组织实施等方面描绘了京津冀协同发展的宏伟蓝图。

《规划纲要》对创新作出重点安排，并明确了三省市协同创新的具体分工。到2017年，京津冀科技创新中心地位进一步强化，区域协同创新能力和创新成果转化率明显提升。到2020年，科技投入、研发支出占地区生产总值比重达3.5%，区域形成分工明确、产业链与创新链高效连接的创新驱动，最终目标是要打造协同创新共同体，建设全国科技创新中心。为此，《规划纲要》明确了三省市科技创新优先领域：

- 北京方面，重点提升原始创新和技术服务能力，打造技术创新总部基地，科技成果交易核心区、全球高端创新中心及创新人才聚集中心。具体来讲，就是加快中关村国家自主创新示范区发展，探索新的管理运营模式，打造产学研结合的跨京津冀科技创新园区链。

- 天津方面，重点提高应用研究与工程化技术研发转化能力，打造产业创新中心、高水平现代化制造业研发转化基地和科技型中小企业创新创业示范区，加快建设天津滨海国家自主创新示范区，加大重点领域和关键环节改革试点力度，强化对周边区域的引领、辐射、示范作用。

- 河北方面，重点强化科技创新成果应用和示范推广能力，建设科技成果孵化转化中心。重点产业技术研发基地，科技支撑产业结构调整和转型升级试验区。

区域协同创新是一种跨地区、跨组织、跨文化的复杂的合作创新活动，是涉及产品创新、技术创新、管理创新、制度创新等多方面、多层次相互支持、联动创新的有机整体。要实现协同发展，出路只有一条，就是通过协同创新来开辟发展新道路，开创发展新局面。

2018年11月23日，《关于共同推进京津冀协同创新共同体建设合作协议（2018—2020年）》首次签署，开启了京津冀科技创新领域深度合作的新篇章，标志着构建区域协同创新共同体，加速科研成果跨区域转化，稳稳迈进一步。

京津冀三地之中，北京集聚着最多的高校、科研院所、高新技术企业等创新资源。如何让北京从大城市的"虹吸效应"转向对周边区域的辐射带动效应，是摆在协同创新发展面前的一道重要考题。

"中关村"，这3个字对中国信息技术产业的意义之重要，可以找出数不清的词汇来形容。在京津冀协同发展的背景下，作为第一个国家级自主创新示范区，中关村的创新生态、创新基因和敢于冒险的创新文化应当辐射周边更广阔的天地。

作为深入贯彻落实京津冀协同发展重大国家战略的重要举措，北京中关村加大了实施创新驱动发展战略力度，通过输出"中关村"科技创新管理模式，为在全国实施创新驱动发展战略更好地发挥示范引领作用。为此，2014年11月，北京中关村信息谷资产管理有限责任公司成立。

作为一家由中关村发展集团出资组建的以线上线下平台为支撑的产业互联网创新服务公司，中关村信息谷资产管理有限责任公司以中关村丰富的创新资源为依托，充分发挥自身优势，汇聚来自中关村、全国、全球的创新资源，建立一个以北京为中心，以国际合作城市和国内城市为节点，在全球范围内配置创新要素，创新创业一体推进，逐渐形成产业链完善合理、区域发展协同的局面，使中关村与合作城市实现协同创新、共同发展。

中关村信息谷资产管理有限责任公司依据科技企业与政府合作创新发展的内在需求，在当地市委市政府的支持指导下，按照"一中心、一基地、一园区"的渐进式推动，通过在合作城市设立创新平台——"创新中心""双创示范基地""创新汇""雨林空间"等运营载体，开展组织一系列品牌化产业活动，导入外部优质创新资源,与当地的资源禀赋进行充分有效的结合,形成优势互补的城市创新发展体系。该模式为合作城市产生了以创新为主要特征的内生增长动力,完善了区域创新发展生态系统,也践行了中关村及信息谷的协同创新发展道路。同时,北京中关村管委会还出台了《中关村京津冀协同创新共同体建设行动计划》,将加快京津冀中关村科技园建设纳入其中,在产业链协同、创新链协同、政策链协同、资金链协同、资源开放共享等方面共同努力,打造一套完善高效的体制机制。

不同于当年寻寻觅觅把优质项目引进来的工作模式,中关村信息谷资产管理有限责任公司反其道而行之,把各种优质资源、模式辐射出去。公司成立后的第一个任务,就是组建保定中关村创新中心。

保定中关村创新中心托管面积总计18.6万平方米,遵循"轻资产、重运营、重服务"的运营模式,以"引高端、搭平台、建氛围、做示范"为运营思路,严格按照新一代信息技术、战略性新兴产业、人工智能三大产业定位筛选企业,打造类中关村创新生态体系。目前,该创新中心已吸引包括阿里巴巴、海康威视、华凯光子等252家知名企业和机构注册办公,园区企业累计研发投入超过1亿元。此外,中关村海淀园秦皇岛分园积极探索利益分享模式,成功吸引124个项目落地,成为承接中关村海淀园项目的高效载体。

天津滨海—中关村科技园是京津两地打造的具有滨海特色的类中关村创新创业生态系统,成立于2016年,规划用地10.3平方公里。截至2019年9月,新增注册企业超过1000家,注册资本金超过109亿元。科技园领导小组由北京、天津两市常务副市长任组长、分管副市长任副组长,统筹科技园创新发展的重大事务,科技园管委会则设双主任,分别由中关村管委会主任和滨海新区区长担任。通过引进北京中关村运营团队,成立天津中关村科技园运营服务有限公司,以9万平方米载体打造天津滨海中关村协同创新示范基地,在科技园深植中关村创新创业基因,将中关村成熟的发展理念、优质资源、配套服务拓展延伸。在这里,入驻的企业不仅可以享受滨海新区的政策支持,也能实践北京中关村一些先行先试的政策。目前,该园区拥有中关村雨林空间国际孵化器、路演厅、多功能报告厅、咖啡吧、书吧、展厅等,集办公、服务、展示于一体。楼宇为精装修、集中供暖,统一提供物业、水、电、网等服务,为企业提供无忧化办公环境,企业可以直接拎包入驻。截至2019年年底,天津滨海—中关村科技园注册企业数1443家,实际办公企业236家,常住人口2.4万人。3年多来,科技园积极与北京中关村对接,共同推动成立了"京津冀众创联盟"。随着"两个中关村"协同机制不断深入,未来可能会出现政策叠加、税收分成等协同新政策和创新模式,将打造成京津冀全面创新改革引领区、全球创新资源聚集高地、京津冀协同创新共同体示范区。

2017年年底,中关村科技园区管理委员会与河北雄安新区管理委员会正式签署共建雄安新区中关村科技园协议,双方将共同打造"布局超前、体系完备、宜业宜创、引领未来"的科技新城。结合雄安新区建设需求,组织碧水源、东方园林、北京科锐、小桔科技、金山软件、首航节能等12家中关村节能环保及智慧城市服务企业与雄安新区签署战略合作框架协议,进驻雄安中关村科技产业基地,支持服务雄安新区建设国际一流、绿色、现代、智慧的未来之城。

目前,中关村科技园区已成为京津冀协同创新的主阵地和先行者。京津冀协同发展以来,中关村科技园区在提升自身发展水平的同时辐射带动区域发展,已成为京津冀科技创新方面的"领跑者"。在电子信息、先进制造技术、新能源与高效节能技术等领域,中关村有力地推动了三地协同创新,一大批北京创新成果正在京津冀区域转化应用。5年间,中关村海淀园秦皇岛分园、保定中关村创新中心、天津滨海—中关村科技园等园区陆续落成。这些"中关村"模式的园区"带土移植"、充分对接,带动区域创新能力整体增强。截至2019年11月,中关村企业在津冀设立分支机构超过8000家,北京流向津冀技术合同成交额累计已经过超990亿元。一张科技创新的京津冀地图正逐渐清晰起来。

## 四、从"中国硅谷"到"世界的中关村"

经过30年的发展,中关村从过去自我发展、服务首都区域发展,转变为通过技术交易、产品和服务示范应用、创新协作、设立分支机构、跨区域并购、共建园区等多种模式,在更大范围内辐射全国的创新发展。近年来,中关村在实现自身做大做强的同时,也积极融入京津冀协同发展、长江经济带等国家战略,带动其他地区创新发展,实现向辐射带动的升级。

2015年10月17日,徐州·中关村信息谷创新中心在江苏省徐州市正式启动运营,这是继河北保定之后,中关村与地方政府合作在国内设立的第二家创新中心。该创新中心由创新中心、文化创意园及创新汇等项目组成,面积总计25.45万平方米。六大产业定位为信息技术、节能环保、科技金融、智能制造、生物医药及科技文化,旨在打造"中关村+、政府+、互联网+"的全天候融合创新生态圈。该中心采用轻资产、重服务的运营模式与地方政府合作,依托当地区位条件、高校资源及产业基础,围绕科技企业，把政策、资本、人才、技术创新要素进行市场化配置，与当地区域优势相结合，整合国际、国内创新创业资源，引领创新创业浪潮，搭建线上虚拟服务平台和线下实体服务空间，打造区域协同创新共同体。

徐州中关村创新中心的启动，标志着具备中关村基因的品牌资源、创新要素、创业精神开始扎根徐州，以中关村核心企业为领军的创新创业生态体系面向全国的集聚辐射效应，也将在淮海城市群全面铺开。目前，该创新中心汇聚了全球知名企业，如甲骨文、华为、联想、惠普、东软、金蝶软件、神州数码、科大讯飞、盛世光明等企业以及数个"千人计划"项目、院士牵头项目入驻。

2016年7月24日，南宁·中关村创新示范基地正式揭牌，并制定了"一基地、一园区"的发展规划。"一基地"即创新示范基地，面积总计14.43万平方米；"一园区"即南宁·中关村科技园，面积总计7平方公里。该基地产业定位为智能制造、信息技术、生命健康、科技服务，科技园产业定位为新一代信息技术、信息+先进制造、信息+生物医药、信息+现代服务。

2017年4月20日，习近平总书记在南宁·中关村创新示范基地视察时，对京桂两地协同创新合作成果给予充分肯定，并作了重要指示，强调要让适宜的种子在适宜的环境中开花结果。目前，南宁·中关村创新示范基地创新生态日益完善，累计入驻重点行业企业达90家、入孵创新企业达140家，引进了包括以色列纳安丹吉、东软、东华软件、滴滴出行、盛世投资等一批国内外行业领军企业，引进培育16家国家高新技术企业和3家广西瞪羚企业，累计取得知识产权500余项，仅2019年就成功引进了冠标科技、卡迪亚、百果园果业、同创三维、云之电、福江惠本等一批粤港澳大湾区科技项目，成为推动南宁高质量发展的新能源。与此同时，基地国际交流合作愈加频繁，辐射带动效应进一步扩大，成为南宁创新驱动产业发展的新引擎。

2017年9月30日，银川市人民政府与中关村管委会、中关村发展集团签订战略协议，中关村创新生态体系正式落地银川。12月20日，银川·中关村创新中心正式揭牌成立，同样按照"一中心、一基地"规划部署。"一中心"即为银川·中关村创新中心，选定宁夏创业谷10万平方米合作载体进行建设；"一基地"选址在西夏区，项目计划分三期建设，计划通过1年时间，在银川·中关村创新中心引进并聚集50家企业，创新服务体制机制初步形成；通过3年时间引进150家企业，初步形成产业聚集效应；通过5年时间，引进300家企业，产值突破100亿元，打造成为北京—银川协同创新示范区，把银川·中关村双创园打造成为银川科技新城。该创新中心产业定位为新一代信息技术、大健康及生物医药、智能制造、科技金融及文化旅游。目前，蚂蚁金融集团，北京好大夫在线、北京新武测科技、深圳能谷新能源、碧水云科技（院士领办企业）等已经入住创新中心。

"一年打基础、三年见成效、五年大发展"，带着这一目标，银川中关村创新中心跑出了发展"加速度"。创新中心成立一周年之际，累计签约入驻各类创新企业83家，创造产值近2亿元；成立两周年之际，累计签约入驻各类创新企业225家，其中70%的企业来自宁夏以外，主营业务收入超过12亿元，实现就业1600多人。

2018年11月1日，长春·中关村创新中心启动仪式举行。该创新中心分两期建设：一期建筑面积3.1万平方米，目前已经建成并投入使用；二期建设面积7万平方米，计划2020年建成。长春·中关村创新中心将重点发展新一代信息技术、智能制造、生物与生命科技、服务外包等战略性新兴产业，培育以创新为主要特征的内生动力，形成产业微集群。到2022年，长春·中关村创新中心将聚集100余家科技创新型企业，吸引3000余位创新人才，将成为新一轮东北振兴战略示范区、吸引聚集全球创新资源的高地、引领高新区战略新兴产业集聚发展的科技中心、创新中心、辐射中心和服务中心，助力东北振兴发展。

2019年6月18日，滁州·中关村发展协同创新中心正式揭牌，项目以智能制造、新一代信息技术、大健康、科技金融为产业支撑，按照"立足区域优势、着眼国际视野、强化资源对接、形成示范引领"的发展思路，构建类中关村创新生态系统，建设以科技成果转化为核心，以政策、技术、人才、资本四大要素为支撑的长三角三省一市一体化的桥头堡和示范区，打造宜业、宜居、宜创的国际化未来科技城。

2020年1月8日，青岛·中关村信息谷创新中心成立。中心位于青岛高新区核心位置，项目按照"一中心、一基地、一园区、一平台"的发展路径，链接全球双创资源，增强区域创新辐射力。围绕大信息先进制造、大数据精准医疗、科技服务等前沿产业，构建以科技成果转化为核心，以企业、人才、资本、院校、政策、文化六大要素为支撑的类中关村创新生态系统。

2020年1月17日，沈阳·中关村智能制造创新中心正式落户沈阳市铁西区，面积1.4万平方米。该中心遵循"立足区域优势、着眼国际视野、强化资源对接、形成示范引领"的发展思路，顺应新一轮东北振兴发展和京沈对口合作的趋势与背景，合力打造沈阳·中关村智能制造创新中心项目，联动铁西区产业基地、产业园区等空间资源，满足各类企业在铁西实现总部办公、研发生产、成果转化、金融服务、人才交流、政策对接等发展需求；创新中心通过叠加双方的多重优势，形成创新资源在铁西的聚拢效应并在未来逐步延伸。

创新中心启动当天，沈阳市高校、科研院所和企业研发中心20家进驻，首批入驻企业和金融机构18家，园区投资项目6个，共计44个项目成功签约。未来，沈阳中关村项目将立足沈阳城市特点和转型升级需求，围绕先进制造装备、工业互联网、医药健康、科技服务等领域，加快集聚一批高端创新要素，有序构建一个类中关村的生态，为东北老工业基地的发展注入新活力，增添新动能，作出新贡献。

截至2019年7月，中关村信息谷已在全国服务超过26个城市及区域，托管运营载体面积110万平方米，合作土地面积60平方公里；服务创新型企业超过8000家，落地2000家以上。以北京市为中心，国内合作城市为节点的创新网络体系正在形成。

2013年9月30日，习近平总书记指出，"中关村已经成为中国创新发展的一面旗帜，面向未来，要加快向具有全球影响力的科技创新中心进军"。为了落实总书记的讲话精神，中关村科技园区加大了在全国乃至全球创新协同的战略布局。2016年，位于美国硅谷核心地带圣克拉拉市的中关村硅谷创新中心正式开幕。创新中心设置孵化器、加速器、中关村跨境办公室、路演等功能区块，承载建设横跨中美的一站式高科技企业成长平台，帮助两国高科技项目孵化加速，为中关村企业走向硅谷、走向世界、参与创新创业的全球化进程提供具有全球影响力的平台。

2018年4月2日，中关村波士顿创新中心正式启动。项目规划设有孵化器、跨境办公室、大型会议、海外研发中心等多种功能空间，并打造生物医药、人工智能、金融科技等四个子中心。

2018年5月7日，中关村德国创新中心在德国海德堡成立。中心将重点孵化和加速生命科学、信息技术和智能制造等领域的初创团队和企业；并与商业和资本一道，助力新技术的发展，推动创新。同时，中心还会与中国、德国及欧洲的资本进行合作，通过不同形式投资优质创新型企业和高新技术项目，从而推动中关村企业向德国等欧洲国家进军全球创新网络，提高国际竞争力和国际资源配置能力。此外，中关村科技园还先后与以色列及芬兰开展了深入的创新合作。

## 五、启 示

**启示一：中关村科技园区"一区多园"的发展模式，对政府管理体制创新提出新要求**。一区多园模式的整合与扩张将打破原有利益分配格局，园区决策权、管理执行权和经济利益支配权必然随之调整，园区政策的制定和运行方式也需要进一步规范与统一，唯有划清各主体与部门之间的权益及责任关系，才能以新型政府管理体制推动自创区的新发展。

**启示二："一区多园"发展模式需要建立核心区引领机制**。参照中关村成功经验，"一区多园"模式都经历了先做大做强核心区、再辐射引领带动全市发展的渐进式路径。必须通过集中本地区资源、并向高新区优先倾斜的策略，进一步做大做强核心区。支持核心区在机制创新、政策创新、平台建设上先行先试，出成果，出经验，在此基础上，构建核心区与各分园联动发展的各项机制，通过品牌输出、技术转移、项目申报、企业扩散、联合招商以及搭建人才、资本、信息共享平台等途径，切实增强核心区对各分园的辐射带动功能，实现核心区规模效应、集聚效应、辐射效应并带动效应的最大化。通过先行先试，不断总结经验，完善合作机制，逐步实现核心区、各区县、各分园之间的资源共享、品牌共用、信息互通、产业互动，促进区域之间的紧密合作、协同发展、共建共赢，进而促进全市在高新技术领域实现优势产业高端化、新兴产业规模化、特色产业集群化发展。围绕各分园在产业发展、创新创业方面的基础与优势，推进特色化发展机制，以专业园为载体，差异化培育战略性新兴产业和高新技术产业，打造完整产业链条，形成企业协作高效的产业集群。

## 点 评

从电子一条街，到"一区一园"，到"一区十六园"，到走出北京，打造"京津冀协同创新共同体"，再到建立"中关村区域协同产业发展联盟"，直至走出国门，走向世界，如今的中关村科技园区，早已不仅仅是一个地理概念，它已经成为一面旗帜、一个符号、一种象征，是北京担当全国科技创新中心的重要依托，是中国参与全球科技和产业竞争的前沿阵地。作为我国技术创新的源头和高新技术产业的聚集地，中关村已经从"中国硅谷"一步步成长为"世界的中关村"，科技创新能力和区域影响力不断提升。在产业升级和消费升级的强烈要求下，中关村发挥自身示范引领作用，携手各地政府进行跨区域合作，推动资源集聚共享和产业转移，辐射带动全国创新发展。与此同时，中关村科技园区已经将创新创业的链条延伸至国际领域，主动参与到世界科技创新的大潮之中，"中关村"地图未来还将不断地扩张，国际范儿也会越来越浓。

## 思考题

1. 中关村科技园区能够实现"一区多园",并成功走向全国、走向世界的根本原因有哪些?

2. 中关村科技园区在北京"一区十六园"的地理布局,可能导致的不良后果有哪些?北京市政府和中关村园区管委会采取哪些有效的措施来避免这些不良后果的产生?

3. 产业园区在选择区域外扩张时,需要考虑哪些主要因素?如何处理好与当地政府和其他园区之间的关系?

# "123中关村模式"助力科技中小微

## ——中关村科技园科技金融创新发展之道

### 序 言

党的十八大以来实施的创新驱动发展战略,是加快转变经济发展方式、提高我国综合国力和国际竞争力的必然要求和战略举措。科技创新是提高社会生产力和综合国力的战略支撑,而科技型小微企业是科技创新领域最为活跃和最具潜力的群体。

### 一、案例背景:科技型中小微企业融资之难

在中关村科技园区,每年新增企业在6000家以上。截至2018年年底,高新技术企业总数超过2.2万家,总收入超过5.8万亿元,同比增长11%。这其中60%以上属于收入在2000万元以下的小微企业,这些企业是科技创新的活力源泉,也是推动北京市实现创新驱动发展战略、转变经济增长方式的主力军。

然而,如此令人振奋的新生力量背后,却隐藏着一个不为外行人所熟知的残酷事实:这里的一大半企业活不过3年,能够成长到5年的企业更是寥寥无几。在科技企业众多的中关村地区,在一定程度上存在着成立5年以内小企业的高出生与高死亡率并存的

现象。

由于设立时间短、信用信息积累不足、商业模式新、缺乏可抵押的有形资产等原因,很多中小微企业无法获得银行等金融机构的资金支持。融资难一直是长期困扰科技型小微企业发展及成果转化的瓶颈,首次融资难的突出问题,直接导致很多企业难以跨越发展过程中的"死亡谷"。中关村科技担保有限公司董事长段宏伟在接受记者采访时说:"中小微企业因为财务相对不规范、历史信用资料缺失、可抵质押资产少等原因,普遍面临贷款难的问题,这也一直是金融支持的薄弱环节。特别对于'轻资产'的高科技中小微企业而言,融资难集中体现在渠道少、成本高、获取难度大,迫切需要有效降低高科技企业融资门槛。"

## 二、中关村科技金融创新探索之路

中关村科技园区成立伊始,便开始了政府对中小企业投融资路径的积极探索,针对企业发展的不同阶段制定不同的投融资促进模式和方案。

1999年,为突破和化解具有成长性的中小企业融资难瓶颈,北京中关村科技担保有限公司应运而生。从此,政府和中关村科技担保紧密配合,充分发挥各自优势,使科技担保成为一种真正能够惠及中小微企业且可持续供应的金融产品链。

此外,为填补"投资空白",解决市场失灵,中关村管委会创新了财政资金的使用方式,建立投资引导放大机制,促进创业投资在园区的业务聚集和物理聚集,于2001年底设立了"中关村科技园区创业投资引导资金",对经认定的创业投资机构投资于园区企业给予一定比例的跟进投资资金支持。同时,实施创业投资企业风险补贴政策，研究促进天使投资发展，搭建了创业投资促进工作平台。2005年，根据国务院相关优惠政策试点的精神，中关村管委会进一步调整和完善了创业投资引导资金工作方案，加大扶持力度，将创业投资引导资金规模分5年逐步扩大至5亿元，进一步拓宽资金使用方式。引导资金采用种子资金和跟进投资方式，与经认定的合作伙伴共同投资了26家园区高科技企业。此举有助于更多创新型企业渡过"死亡谷"，加快了科技成果的产业化进程。同时，采用国际通行的创业投资运作机制，委托境内外著名的创业投资管理机构进行管理，提高公共财政资金的使用效果。为了引导社会资本投资园区高新技术企业，中关村管委会于2005年底出台了《中关村创业投资企业风险补贴办法》，即对经认定的创业投资企业，当其投资园区处于初创期的高新技术企业时，按其实际投资额的一定比例给予创业投资企业风险补贴，引导和促进国内外创业投资机构投资园区初创企业。

2006年出台的《国家中长期科学和技术发展规划纲要（2006—2020）》及配套政策，首次明确了我国未来发展的目标是建设创新型国家，走自主创新道路，其中也明确提出要实施促进创新创业的金融政策。2007年9月，为了促进金融创新，进一步缓解中关村科技园区中小科技型企业贷款难问题，中关村科技园区管委会与中国人民银行营业管理部、中国银行业监督管理委员会同北京银监局联合相关部门和单位启动了中关村科技园区中小企业信用贷款试点工作。

2009年3月，国务院批复中关村科技园区建设国家自主创新示范区，重点在深化科技金融改革创新等方面先行先试。此后，中关村初步建成了"一个基础、六项机制、十条渠道"的科技金融体系。"一个基础"是以企业信用体系建设为基础；"六项机制"

包括信用激励、风险补偿、以股权投资为核心的投保贷联动、分阶段连续支持、银政企多方合作、市场选择聚焦重点等机制；"十条渠道"包括天使投资、创业投资、代办股份转让、境内外上市、并购重组、集合发债、担保贷款、信用贷款、小额贷款、信用保险和贸易融资。从此，中关村促进创新创业的金融支持探索成为全国科技金融创新的"风向标"。

## 三、国内科技融资担保行业的领军企业

北京中关村科技融资担保有限公司（简称"中关村担保"）于1999年12月16日正式成立，注册资本金1.83亿元，是北京市政府批准设立的国有政策性专业担保机构，是中关村国家自主创新示范区科技金融政策的重要实施渠道。作为中关村发展集团的控股子公司，中关村担保公司一直以来坚持服务科技及现代服务业中的小微企业，服务中关村示范区发展，努力实现国有资产的保值增值，履行好企业的社会责任。2016年至2018年，在金融时报与中国社科院共同组织的"中国金融机构金牌榜·金龙奖"评选中，中关村担保连续三年被评为"年度最具竞争力担保公司"。

目前中关村担保注册资本17.03亿元，净资产25.74亿元，总资产67.07亿元，具备年380亿元以上的担保能力，资本市场主体信用评级AA+。截至2019年年底，已经累计为46000余家科技型中小微企业担保项目提供近3000亿元的担保资金服务，年担保客户3000多家，其中95%以上为科技型中小微企业，75%以上为科技及现代服务业企业，服务客户中800余家企业在国内外资本市场成功上市（含新三板）。作为国家开发银行北京分行唯一合作的担保机构，中关村担保积极参与推进全国投贷联动项目首单正式落

地，助力中关村科创企业发展壮大。

中关村担保自成立以来一直坚持服务科技及现代服务业中小微企业的定位，积极对接中关村示范区产业、科技金融等扶持政策，逐步建立了瞪羚计划、展翼计划、文化创意、留学通道、重大工程等覆盖不同发展阶段、不同行业企业的专项担保通道，形成了直接融资担保、间接融资担保与非融资担保相结合的多元化产品服务体系；紧密结合北京市"高精尖"产业结构调整，明确以战略性新兴产业为代表的科技创新领域和以文化创意产业为代表的现代服务业为公司重点服务领域，形成"7+1"专业化格局；不断加强科技金融服务创新，积极推动和支持大众创新、万众创业，推出普惠保、创易保、中关村创新成长企业债等创新担保品种；强化银担合作，与全部在京设立分支机构的银行建立合作关系，依托审慎稳健的风险管控，确保全部担保信贷资产零风险；积极拓宽与信托、券商等非银行金融机构的合作渠道，主动对接P2P、信托计划和银行理财资金等市场资金渠道，形成稳定的低成本资金来源；完善与北京四板、北京金交所、上海交易所、深圳交易所等既有渠道的合作，多个市场同时发力，优化产品流程，提高效率，是合作各方首选的担保机构。

20年来，该公司始终坚守初心，专注服务科技及现代服务业中小微企业，与政府产业政策同频共振，锐意进取，顺势而为，成功实现由小到大、由大到强，逐步建立了覆盖不同阶段，不同行业企业的专项担保通道，形成了多样化产品服务体系，成为全国业务品种最全的担保机构，走出了一条与中国的发展状况、市场经济状况以及金融市场情况相适应，具有中国特色的发展道路。

20年来，中关村科技担保坚持政策性导向和市场化运作相结合，真正实现"以信用促融资，以融资促发展"，探索出对全国担保行业具有典型借鉴意义的"123中关村模式",为我国担保行业的发展贡献了经典样本,成为国内科技融资担保行业的领军企业,被誉为科技金融创新的排头兵、创新型的企业孵化器、没有围墙的高科技产业园、合作金融机构的防火墙、公共信用资源的倍增器。

## 四、与时俱进开创"123中关村模式"

担保作为连接金融机构和资金需求方的纽带,通过发挥专业增信和风险管理功能,能够有效降低市场各方的交易成本,助力破解小微企业因自身信用体系不完善带来的融资瓶颈,改善金融和实体经济的失衡。

担保行业常常被形容为"蜡烛",意为像蜡烛一样燃烧自己、照亮别人,为中小微企业融资提供担保,信用风险高。

经过20年的发展,中关村科技担保公司给出了不同的答案:担保公司非但可以不成为"蜡烛",还可以成为能够做持续"加油"的"油灯",与企业一起不断发展壮大,依靠自主经营,自担风险,自我积累,自我发展,逐渐成为资产质量较高、代偿能力较强、具有自主造血能力的企业。中关村科技担保的成功,走出了一条与中国的发展状况、市场经济状况以及金融市场情况相适应、具有中国特色的发展道路,成为解决中小微企业融资的"中国方案"。

模式探索,是中关村科技担保经过20年实践的经验总结,也是在未来发展中持续与时俱进的动态创新。结合自身发展历程,总结担保行业的发展,中关村科技担保形成了对中国担保行业发展模式的认识——"123中关村模式",即聚焦服务科技型中小微企业的"一个中心",集中体现政策要求;以差异化风控体系和服务产品持续创新为"两个基点",为政策目标实现提供有力保障;坚持市场化自主经营、专业人才激励约束和以融资担保为核心的综合金融服务"三项机制",为政策落地提供有效支撑。此模式早期被称为"北京模式",即政府出资、政策引导、企业化经营、市场化运作,其核心是市场化运作,在履行政策性职能的同时,形成自身商业可持续的发展模式。

创新不止,中关村科技担保在发展中顺势而为,将创新服务渗透到企业发展全生命周期。在全国率先推出以瞪羚计划为代表的体系化政策性担保产品,支持高成长企业融资发展;顺应国家文化产业发展战略,突破传统抵质押模式,打造匹配科技文化创意类企业创新能力等无形资产的融资担保产品;抓住关键信息探索多样化的产品模式为小微初创企业提供融资担保服务,真正为创业加油,引导更多金融"活水"惠及经济社会发展的重点领域和薄弱环节;为企业发展不同阶段提供全方位金融解决方案,创业保、创新保、中关村创新成长企业债等产品纷至沓来,形成价值创造和价值汇聚的服务体系核心;推动资金、创新与债权融合,以担保信用背书,推动股债联动、保典联动、保贷联动,集成产品服务,构建"保、贷、投"金融生态,实现资源共享、优势互补、协同共生。

科技赋能,采用大数据手段改进作业模式。中关村科技担保通过自主开发的科技企业评级模型和大数据风险控制技术,进行精准风控,更好地帮助中小微企业享受普惠金融服务。2018年,公司引入信息化专业人才布局大数据系统,按照前期完善强化中台支撑,后期逐步发展为前台业务板块的思路,结合公司和中关村发展集团整体信息化升级安排,稳步推进大数据互联网担保业务操作系统、大数据金融生态平台等项目建设。搭建多渠道客户端，提高信息传递效率；搭建风险控制系统，利用大数据建模加快项目评审；建立产品配置中心，实现标准化产品的快速部署，紧跟业务创新脚步。通过线上批量化获取客户信息，大数据手段为小微企业画像等，切实提高作业效率、优化客户体验，使公司普惠金融的覆盖面持续扩大。

"123中关村模式"虽然还在探索和形成阶段，但已有效地支持了中关村科技担保的可持续发展。该公司依托15亿元财政资金投入，累计为3万多个中小微项目提供融资担保2100亿元，解决了数千家小微企业"首贷难"问题。考虑时间加权，财政投入的杠杆倍数超过300倍。目前，中关村科技担保年担保能力超过350亿元，每年新增担保客户2000余家，小微企业占比超过88%，科技型企业占比超过80%。在担保客户中，累计700家企业实现了国内外资本市场上市和新三板挂牌。

## 五、专注服务科技型中小微企业的经营之道

**（一）作为政策性担保机构，坚持"准公共品"定位，实现可持续发展**

1999年，中国担保行业诞生仅数年时间，没有经验和模式可循。而放眼日本、韩国等发达国家，担保行业都是采取"财政兜底"模式，并不符合中国的发展实际。中关村担保成立之初，政府对其发展给出思路："政策性导向、市场化运作、专业化管理"，即企业必须通过市场化手段来推动政府产业政策落地，政府将给予一定支持，并赋予公司高度自主的经营权，企业要靠自己解决生存发展的问题。多年来，政府和公司紧密配合，充分发挥各自

优势，使科技担保成为一种真正能够惠及中小微企业且可持续供应的"准公共品"。

首先，得益于政府的大力支持和正确引导，公司获得了健康发展的良好环境。一是政府推出的系列科技金融政策，为企业发展营造了宽松的政策环境。中关村管委会为园区企业打造体系化政策专项通道产品，早在2003年就推出了"瞪羚计划"，后续又有"展翼计划""金种子工程""文化创意"等。中关村科技担保公司以助推政策落地为目标，逐步形成多个专项担保通道；同时，结合北京市经济和信息化局、北京市财政局推出的创新融资政策以及北京市金融局的监管政策，使企业在产品服务上不断创新，切实提高企业融资效率、降低融资成本，成为国家产业政策、政府扶持资金落地的重要渠道和有效载体。二是政府支持建立的风险分担与缓释机制，为担保行业发展提供了重要保障。一方面，为进一步增强企业代偿能力，政府建立有限补偿办法机制，发挥政府在风险分担中的重要作用；另一方面，组建北京市中小企业信用再担保公司，鼓励担保机构与再担保机构合作，两者分担担保责任，从而为企业平稳发展增添了一道重要屏障。多年来，中关村科技担保公司平均代偿率保持了行业较低水平，为更好地履行责任奠定了基础。三是政府倡导建立社会信用体系，为担保行业发展营造良好的外部环境。在中关村管委会大力支持下，2003年我国率先成立以信用为纽带的行业协会组织——中关村企业信用促进会，建立了中关村企业信用信息数据库，在全国率先推行企业信用星级评定，将担保资源、政策资源向守信企业倾斜，并多次举办信用论坛，推动社会各界共建信用体系。中关村示范区被国家发改委誉为区域信用体系建设的"示范标杆"，2014年成为全国首批小微企业信用体系建设试验区。日臻成熟的社会信用体系，为担保机构的业务开展提供了良好的外部环境。

其次，坚持市场化运作和专业化管理，让市场在资源配置中发挥决定性作用。多年来，政府部门充分尊重中关村科技担保公司的自主经营权和专业管理水平，严格遵循不推荐、不指定、不干预的"三不"原则，坚定支持企业按照市场化方式独立评审、自主决策；通过不断完善法人治理结构，"三会"与经营层权责清晰，对涉及担保主业的运营决策，股东对经营层全面授权，保证担保主业高效运营；经营层按照担保授信规模，权限外项目由公司决策委员会决策，每一名决策委成员独立判断、独立投票，保证项目决策公正、客观、科学，限额以内的项目授权事业部决策，保证项目决策及时，企业服务高效；在行业和项目的选择上，充分尊重市场规律和团队意见，并在收益与风险上紧密绑定团队切身利益，实现团队与公司共进退。总之，坚持市场化运作和专业化管理，让市场在资源配置中发挥决定性作用，是公司长期以来在市场起伏中立于不败之地的根本。

## （二）建立以判断企业成长能力为核心的评价体系和风控能力

20年来，中关村的发展可谓日新月异。面对不断涌来的新机遇，中关村科技担保公司坚守自身作为政策性担保机构的定位，自觉抵制来自市场的各种诱惑，沉下心来做好担保主业。正是这种专注，使公司深刻认识到科技创新的规律和中小微企业的特点需求，最终成就了公司的差异化风控体系和专业化团队运作，实现了金融服务供给与中小微企业需求的精准匹配，将担保资源优先配置给更具成长能力的企业。

首先，通过独具特色的差异化风控体系，准确评价科技型中小微企业的成长能力。科技型中小微企业普遍具有"轻资产、新技术、高风险"的特点，但其中也不乏有市场、有前景、有竞争力的企业，拥有核心技术却找不到资金，很容易贻误发展时机。针对这个情况，中关村科技担保公司大胆提出"为企业未来担保"的思路，建立完善项目尽职调查、评审决策、保后管理、代偿追偿等系列规章制度，探索出一套适应科技型中小微企业风险特点、有别于传统金融机构且行之有效的差异化风险控制体系。围绕企业"成长能力"这个核心指标，将创业者评价与企业评价相结合，从可评价性和评价的有效性出发，自主开发企业评级模型。面对科技型小微企业信用信息较少、财务规范性不足的问题，通过深度挖掘数据进行客群画像，形成了批量化、表单化的评审方式；面对早期的初创企业，因其可评价的有效指标和基础信息缺失，则采取"信用推定"的方式为企业提供担保服务，帮助企业解决"首贷难"问题。

其次，通过事业部专业化，进一步提高企业对各领域企业担保服务的风险评价、控制和管理水平。根据北京市"高精尖"产业政策涉及的行业领域，组建"电子信息""智能制造""数字与文化创意""节能环保""生物健康""5G技术与应用"等不同事业部，持续推进事业部的专业化发展，在增加客户满意度的同时，更多地掌握各专业服务领域的实际需求和风险特征，提高企业对各领域企业担保服务的风险评价、控制和管理水平。另外，每个事业部分别在1至2个国家战略新兴产业领域内，有针对性地强化市场拓展、行业研究、品牌打造等专业化能力。

再次，通过市场化激励约束机制建立专业能力强、职业操守高的人才队伍，有效把控项目风险。按照市场化原则，引入复合型人才、建立技术专家委员会，打造一支专业能力强的科技担保人才队伍，为业务发展、风控管理提供了重要人才保证。依托成熟完备的专业化团队，建立各层级各部门之间的多层次风险制衡机制，形成高效运转、环环相扣、权责对等的业务流程。更重要的是，按照激励与约束并重的原则，建立"奖一罚五"的风险准备金计提制度，督促员工尽职履责，自觉加强风险把控，保证企业的平稳发展。

最后，在担保资源有限的前提下，精准筛选出更具成长性的企业，优先配置资源支持其发展壮大，培育出一个个龙头企业，比如利亚德、碧水源、北斗星通、百济神州、科兴生物医药等。中关村科技担保公司也因此被誉为"高科技企业的孵化器""没有围墙的高科技产业园"；同时，与40多家银行以及多家信托、证券等机构建立合作关系，多年来确保全部担保信贷资产零风险，成为合作金融机构的"防火墙"。

**（三）以担保业务为主、其他相关业务为辅的科技金融服务体系，实现企业保值增值**

我国的政策性担保机构，从国有资产管理、行业监管要求、资本供求关系等方面来说，都不具备"财政兜底"的条件，生搬硬套外国的做法，很有可能适得其反，使担保行业成为财政包袱或成为滋生腐败的温床，造成国有资产亏损和流失。因此，在市场化环境下，完全依靠政府财政补贴支撑担保机构长远发展不具备可持续性，担保机构形成自身可持续的经营模式对其稳定发挥"准公共品"功能、支持科技中小微企业发展至关重要。

中关村科技担保公司成立伊始就敏锐地看到科技型中小微企业担保服务的巨大市场潜力，以及企业融资需求多元化的趋势，顺势而为，积极稳妥地开展业务和产品创新，逐步建立了科技金融综合服务体系。这种混业经营模式，使政策性担保机构从单纯依赖政府补贴补偿转变为多元化自主经营的有益探索与实践，为国家不断完善担保行业的政策法规贡献了思路，同时也得到了监管层面的认可。

首先,通过债权资产管理,发挥资产端优势满足客户多元化融资需求,为企业带来增值收益。通过设立资产运营中心,作为统筹自有资金投资与外部资金管理的专门平台,一方面使用自有资金开展委托贷款业务,为在保企业提供流动性支持;另一方面利用外部资金投资"中关村创新成长系列直接融资产品",为优质在保客户对接低成本资金。通过合理配置资产以及外部资金,进一步拓宽企业融资渠道,有效降低企业融资成本,同时也获得可观的增值收益。例如,公司联合北京市中小企业服务中心等组建债权基金,其中中小服务中心出资1亿元。债权基金运行期间,规范运作,精细管理,有效支持了科技创新和新兴服务业领域中小微企业的发展。在与财政局、经济和信息化局合作的3家债权基金中,公司债权基金的贷款总额排名第一,政府实现以1亿元财政资金撬动8倍融资额,且全部项目按期还款。

其次,通过股权投资基金,引导社会资金满足企业长期资本性需求,分享企业成长红利。中关村科技担保公司充分发挥在科技担保领域深耕多年的优势,在做好担保主业的基础上,进一步拓展股权投资管理业务,牵头成立股权投资平台——瞪羚投资基金,瞄准战略新兴产业领域,积极发掘优秀企业和投资机会,引导社会资金满足企业的长期资本性需求,同时分享企业成长所带来的红利。

瞪羚投资基金主要投资中关村以"瞪羚企业"为代表的创新型企业,截至2019年年底已运作两期,合计规模约5亿元,累计投资24个项目,涉及半导体、新材料、环境保护、生物医药等战略新兴产业。其中,千叶珠宝于2015年登陆新三板,博天环境于2017年登陆上交所,天宜上佳于2019年登陆科创板,成为股权投资助力初创企业快速成长的生动写照。瞪羚基金运行以来，实现了30%的投资内部收益率，为担保公司也带来了实实在在的收益。

经过20年的探索，中关村科技担保公司在做大做强担保主业的同时，在政策法规允许的范围内，有效开展债权资产管理、股权投资等增值业务，形成融资担保、非融资担保及债权资产管理、股权投资等多元化业务结构，有效平衡担保业务的高风险，增强了自身可持续发展能力，反过来进一步扩大了担保"准公共品"的服务覆盖面。

## 六、启 示

启示一：坚持针对科技型中小微企业金融支持的"准公共品"定位，政府给予相应的政策支持，并提供引导。

启示二：坚持市场化运作和专业化管理，让市场在资源配置中发挥决定性作用。政府在提供政策支持的同时，应当采取有效措施，加强监管。

启示三：加强风险控制，通过建立起以判断企业成长能力为核心的评价体系和强化企业的风控能力，有效降低科技型中小微企业金融风险。

## 点 评

十九大报告指出，要深化金融体制改革，增强金融服务实体经济能力。服务实体经济是金融的立业之本，更是金融的发展机遇。"123"模式是中关村担保公司在20多年发展历程中自身不断探索的实践结果，也是政府重点支持推进中关村中小微企业发展的典型经验。该模式在有效地支持中关村科技担保公司可持续发展的同时，依托15亿元财政资金投入，累计为3万多个中小微项目提供融资担保2100亿元，解决了数千家小微企业"首贷难"问题，有力地支持了中关村科技园区中小微企业的发展。

## 思考题

1. 对照中关村担保"123"模式，你认为本地科技园区在科技型中小微企业金融支持方面存在哪些不足？原因是什么？

2. 除金融担保外，还有哪些可行的针对中小微科技型企业的金融支持手段？

3. 根据你的认识和理解，如何才能从根本上推动科技型中小微企业，尤其是处于初创期的科技型中小微企业获得足够的金融支持？

| 园区创新发展理论与实践 |

## 立良法 谋善治 峥嵘岁月稠

——上海自贸区探索法治创新之路

### 序 言

2018年11月5日，习近平主席在首届中国国际进口博览会开幕式上发表主旨演讲，宣布设立中国（上海）自由贸易试验区新片区。

2019年8月20日，中国（上海）自由贸易试验区临港新片区正式挂牌，《中国（上海）自由贸易试验区临港新片区管理办法》同时实施。8月30日，《关于促进中国（上海）自由贸易试验区临港新片区高质量发展实施特殊支持政策的若干意见》（下称"临港50条"）正式公布。这幅新的制度供给工笔画，为上海自贸区临港新片区高质量发展蓝图添上了一层厚重的保护色，也成为上海贯彻落实"重大改革于法有据"原则的最新案例。新片区承载着划时代的历史使命：对标世界最强自贸园区，力促制度创新，再造一个新浦东！

2013年8月22日，中国（上海）自由贸易试验区经获准设立，当年9月29日正式挂牌。为了实现立法和改革决策相衔接，2014年7月25日，上海市第十四届人大常委会第十四次会议通过了《中国（上海）自由贸易试验区条例》（下称"自贸区条例"），并于当年8月1日起施行。这是我国第一部关于自由贸易试验区的法律,"法无禁止即可为"精神首次入法,为企业提供了参与自贸区建设的广阔空间。《自贸区条例》共9章57条,从管理体制、投资开放、贸易便利法治环境等方面,对推进自贸试验区建设进行了全面的制度性安排。

从"自贸区条例"到"临港50条",上海自贸区法治创新已经渐入佳境。

6年来,上海自贸试验区坚持解放思想、先行先试,紧紧抓住制度创新这一核心要务,"大胆试、大胆闯、自主改",率先建立健全与国际通行规则相衔接的制度体系。在中央部委和相关部门的大力支持下取得了丰硕成果,一大批首创性制度诞生在上海自贸试验区,并复制推广到全国。

6年来,从构筑投资、贸易、金融和事中事后监管制度的"四梁八柱"基础体系建设入手,到建设开放与创新为一体的综合改革试验区、开放型经济压力测试区、政府治理能力改革先行区、服务"一带一路"建设和企业"走出去"桥头堡的"三区一堡"高质量发展定位,上海自贸区建设任务梯次展开、系统深化,基础性制度创新落地见效、成熟定型,投资贸易便利化程度明显提升,政府在开放环境下的治理能力显著增强,更大区域的改革发展联动协调推进。

6年来,在这里孕育形成的202项制度创新成果得以在全国复制推广。作为自贸区"雁阵"的"领头雁",上海自贸区可谓名副其实的"制度创新供给者"。

## 一、"自贸区条例"开国内自贸区"基本法"先河

2013年8月26日,十二届全国人大常委会第四次会议决定,

在上海自贸区内，对负面清单之外的外商投资，暂时停止实施《外资企业法》《中外合资经营企业法》《中外合作经营企业法》等三部法律的有关规定。

"全国人大常委会的决定，赋予了自贸区有更大的试验空间，但人们的投资行为不能因人而异、不能因时而异，应由地方立法予以固化。""现有法律制度难以满足其运作需求，有必要构建专门的自由贸易试验区法律制度，作为其健康、顺畅运作的基础保障。"

2014年6月，习近平总书记在上海自贸区考察时强调：要切实把制度创新作为核心任务，以形成可复制、可推广的制度成果为着力点，努力创造更加国际化、市场化、法治化的公平、统一、高效的营商环境。

上海自贸区成立之初，经历一个从"塑形"到"造心"的过程，其中法治化是"造心"的重要组成部分，是要将改革积累下来的经验和制度成果进一步固定下来，使之能够持续地复制、推广。而来自世界各地的海外投资者对自贸试验区规章制度、法规法条的出台也怀有极大的好奇心，持续密切关注。作为参照，世界上主要的自由贸易区（港）都经历了漫长的法律制度创新和完善过程，最终将符合自身特点的金融领域的改革与开放成果用法律条文固定下来。对上海而言，"自贸试验区的制度创新，与法律架构创新、法律服务创新等都有着密不可分的关系"。

上海自贸区条例的亮点之一是预留了制度创新空间，以便更好地处理法规的适时性与改革的阶段性关系问题，通过"列举加概括"的方式增强了立法的前瞻性和包容性。"自贸区条例"是自贸区的"基本法"，是自贸区最重要的地方性法规，为保障自贸区自主创新提供了有力的制度支撑和法律保障。

2015年4月27日，上海自贸区正式扩容升级，实施范围扩大至120.72平方公里，新增陆家嘴金融片区、金桥开发片区以及张江高科技片区，与原先保税物流区域不同的金融、科技创新区域为自贸区改革带来新的挑战。同时，自贸区在投资体制改革、贸易监管模式、金融开放创新、事中事后监管等方面取得了一系列重大进展，形成了一批改革创新重要成果，需要通过条例的修订充分固化、完善相关内容。客观环境的巨大变化，要求作为上海自贸区"基本法"的"自贸区条例"作出相应的修订。此外，在条例修订过程中，可以充分借鉴世行营商环境评估的指标体系，对自贸区营商环境建设的相关环节进行流程再造，同时对标国际经贸新规则，继续推动对外开放压力测试，进一步形成适应经济更加开放要求的试点经验。

2018年5月，上海自贸区条例修订工作正式启动。

## 二、金融制度创新

金融领域的开放创新是上海自贸区改革的主要任务和措施之一，也被公认为上海自贸区建设的最大看点。作为最受关注的改革领域，上海自贸区金融制度创新不仅促进上海国际金融中心建设，而且对整个上海市及长三角地区的经济发展产生溢出效应。

在上海自贸区总体方案的基础上，"一行三会"（人民银行、银监会、证监会、保监会）陆续发布了支持上海自贸区建设发展的意见、政策或通知，合称"金改51条"；上海的"一行三局"也相应出台了10余项实施细则，确立了金融支持自贸区建设的总体政策框架，推动了自贸区金融改革的顺利起步，成为上海自贸区金融改革创新的1.0版。

2014年5月，筹备已久的自由贸易账户系统正式投入使用，银行、证券、保险等金融机构和企业均可接入自由贸易账户，实现与境外金融市场的融通。上海自贸区金融改革创新至此进入2.0版，其标志是围绕贸易和投资便利化金融改革政策全面实施，以自由贸易账户为核心的风险管理系统正式投入运行。

2015年2月，人民银行出台文件，要求加快推进自贸区资本项目可兑换改革，探索投融资汇兑便利，加快上海国际金融中心建设。这被看成自贸区金融改革创新3.0版的开始。这一时期的核心标志是上海自贸区金融开放创新与上海国际金融中心建设联动这一理念得到明确。

2015年10月，经国务院同意，《进一步推进中国（上海）自由贸易试验区金融开放创新试点 加快上海国际金融中心建设方案》（即"金改新40条"）出台，提出了五个方面的主要任务和措施，头两个就是"率先实现人民币资本项目可兑换"和"进一步扩大人民币跨境使用"。这标志着上海自贸区金融开放创新进入攻坚克难、全面推进的新阶段。

在金融制度方面，上海自贸区以实现资本项目可兑换和扩大人民币跨境使用为主要驱动，推出了一系列改革与创新举措，成绩可圈可点。其中资本项目可兑换方面的创新思路是分账管理、稳步推进、严控风险，自由贸易账户是制度创新的关键载体；人民币跨境使用方面创新的关键则在于提供多样化、大容量的人民币跨境投融资渠道。

上海自贸区资本项目可兑换制度创新，主要体现为五大方面的外汇管理"简政放权"。一是简化经常项目收结汇、购付汇单证审核。银行按照"了解你的客户""了解你的业务""尽职审查"等原则办理经常项目收结汇、购付汇手续；二是简化直接投资外汇登记手续，直接投资项下外汇登记及变更登记下放至银行办理，实行外商投资企业外汇资本金意愿结汇；三是放宽对外债权债务管理，取消对外担保和向境外支付担保费行政审批，放宽区内企业境外外汇放款金额上限，取消境外融资租赁债权审批，允许境内融资租赁业务收取外币租金；四是改进跨国公司总部外汇资金集中运营管理、外币资金池及国际贸易结算中心外汇管理试点政策，放宽试点企业条件，简化审批流程及账户管理；五是完善结售汇管理，便利银行开展面向区内客户的大宗商品衍生品的柜台交易。

　　关于人民币跨境流动方面，上海自贸区陆续出台了自由贸易账户、跨境投融资汇兑便利、人民币跨境使用、利率市场化、外汇管理改革等一系列实施细则和金融制度安排。到2018年年底，已有56家金融机构通过分账核算系统验收，累计开立13.6万个账户，覆盖符合条件的4000多家企业，自贸区内跨境人民币结算总额为2.55万亿元，占上海全市的比重为35.3%；跨境双向人民币资金池收支总额4826亿元，同比增长1.7倍，而自有关政策发布以来，已累计有近900家企业开展跨境双向资金池业务，资金池收支总额约1.5万亿元。

　　6年来，上海走在金融对外开放的最前沿，已经成为中国金融发展环境最为完善的地区之一，率先设立了上海金融法院，出台了全国首部地方综合性信用条例，聚集了一大批金融机构，金融从业人员超过37万人，已发布9批110个金融创新案例。陆家嘴金融城沿黄浦江经济带成效明显，在英国独立智库最新发布的全球金融中心指数（GFCI）排名中上海连续两年保持全球第五名。

## 三、搭建金融综合监管协调机制

近年来,我国金融业呈现蓬勃发展态势,对完善金融监管体系、提高金融监管能力提出新的要求。2015 年发布的上海自贸区"金改新 40 条",明确要在自贸试验区内率先实现人民币资本项目可兑换,进一步扩大人民币跨境使用,也明确提出要"加强自贸区金融监管协调,探索功能监管"。

2016 年 7 月,《发挥上海自贸试验区制度创新优势开展综合监管试点探索功能监管实施细则》颁布实施,将所有的金融服务业均纳入监管,实现金融监管的全覆盖,同时对涉及的金融服务、监管信息实现共享,分类别、分层次、分步骤推进信息共建共享与互联互通,加强信息平台建设,提升分析预警能力,构建以"一个平台、两份清单、三类数据库、四种信息源"为框架的信息共享机制。其中,一个平台,是指适时研究建立上海金融综合监测预警平台;两份清单,是指梳理形成分业监管机构清单和重点监测金融行为清单;三类数据库,是指机构信息数据库、产品信息数据库和从业人员信息数据库;四种信息源,是指金融管理与市场运行信息、社会公共信用信息、行业协会自律信息、媒体舆情与投诉举报信息。在此基础上,进一步丰富信息共享内容,优化共同参与机制,提高分析预警能力。

2016 年 7 月 19 日,上海金融综合监管联席会议暨自贸试验区金融工作协调推进小组会议召开。这是上海金融综合监管联席会议第一次会议,意味着处于监管真空、交叉地带的准(类)金融机构和金融行为,将在上海实现全覆盖式的监管。该联席会议机制的主要目的是通过加强组织领导和统筹协调,提升协调效率和响应速度，确保各项政策措施的有效落实。联席会议建立例会制度，原则上每季度召开一次，围绕难点重点议题，明确工作职责，议定实施方案。

2016年8月，上海市政府发布《进一步深化中国（上海）自由贸易试验区和浦东新区事中事后监管体系建设总体方案》，提出建立适应上海自贸区发展和上海国际金融中心建设联动的金融监管机制，将以自由贸易账户为基础，构建跨境金融安全网，加强本外币跨境资金流动的实时动态监测监控，建立完善"长臂管理"机制。

上海自贸区已建立以自由贸易账户为核心的跨境资金流动监测管理信息系统。依托这个系统，监管部门可以对跨境资金流动进行"逐笔交易、一星期7天、每天24小时"实时监测；该系统具有"电子围网"功能，可以自动计算企业能够从境外融资的上限，超过限额会自动发现并预警；此外，还能实施宏观预警，从宏观上了解跨境资金流出流入的总体规模，具备强大的"反洗钱、反恐怖融资"等功能。

## 四、打造境外投资保障体系

2015年9月，中国（上海）自由贸易试验区境外投资服务联盟正式成立，自贸区境外投资迈入了以构建管理服务链为核心的3.0版，建立了境外投资项目库、资金库、信息库，打造企业境外投资保障体系，推动境外投资逐步与国际接轨。

根据《中国（上海）自由贸易试验区总体方案》，自贸区探索改革境外投资管理方式、构筑对外投资服务促进体系，包括对境外投资开办企业实行以备案制为主的管理方式、对境外投资一般项目实行备案制、加强境外投资事后管理和服务以及支持自贸区内各类投资主体开展多种形式的境外投资。随后，上海市人民政府制定并公布了相关的配套法规，包括《中国（上海）自由贸易试验区管理办法》《中国（上海）自由贸易试验区境外投资项目备案管理办法》《中国（上海）自由贸易试验区境外投资开办企业备案管理办法》等。自贸区的两套境外投资备案管理办法分别对境外投资项目和境外投资开办企业作出规定，自贸区管理委员会同时作为权限内企业境外投资项目和境外投资开办企业的备案机关。

上海自贸区设立之初，以投资管理体制改革为核心的1.0版本，突出境外投资制度审批改备案、投资管理便利化；第二阶段则以金融改革为核心，实现了境外投融资便利化。最新数据显示，在境外投资制度不断创新突破的同时，自贸区投资规模成倍增长。

上海自贸区境外投资主要具备三方面优势：首先是投资便利，自贸区在全国率先实施境外投资备案管理，将原来需要耗费数月的多部门、多流程审批手续，简化为"一表申请，一口受理"，企业在3个工作日内就能拿到备案证书。其次是融资便利，上海自贸区取消了境外融资的前置审批，在自由贸易账户分账核算管理框架下，企业和各类金融机构可以自主从境外融入低成本资金。目前已有多家银行通过自由贸易账户，为"走出去"企业海外分支机构的经营和并购等提供融资服务。再次是模式创新，自贸区创新突破了股权投资基金的出海之路，助力企业收购全球范围内的潜力资产、开拓国际市场，其中不乏民营企业与央企合作出海的案例。同时，区内金融机构也积极开展跨境投融资业务，包括内保外贷、跨境并购和项目贷款、跨境资产管理和财富管理等。

随着外联发商务咨询、海际金控、长盈股权投资等6家发起单位成立境外投资服务联盟，3.0版的上海自贸区跨境投资拉开序幕。3.0版意味着自贸区将建立起境外投资全生命周期服务体系，通过整合律师事务所、会计师事务、咨询机构、评估机构、融资服务机构等专业力量，推进境外投资项目库、资金库、信息库的建设，实现政府、中介机构与企业的有效连接与信息共享。

为做好境外投资备案制改革的配套服务工作，加速构筑境外投资服务促进体系，上海自贸区管委会牵头完成了境外投资服务平台的建设。该境外投资服务平台实现线上、线下同步开展境外投资服务，成立专门机构为自贸区"走出去"的企业提供"从境外企业设立到歇业为止的全流程服务"。据介绍，原本企业需要购买这些服务，现在境外投资服务平台整合相关服务商，根据投资企业的需求予以双向配对，服务是免费的。此外，该平台还吸引一些海外协会和驻外机构，为企业提供海外投资环境、项目等方面的信息。

## 五、对标世界最强自贸区力促制度创新

中国（上海）自由贸易试验区临港新片区自诞生伊始，即承载着划时代的历史使命：对标世界最强自贸园区，力促制度创新，再造一个新浦东！也就是说，到2035年，新片区的GDP要达到1万亿人民币！

新片区不是简单的原有自贸试验区扩区，也不是简单的现有政策平移，而是全方位、深层次、根本性的制度创新变革。新片区立法，既是对原自贸试验区立法的传承，又是更深层次、力度更大的制度创新。新片区要做的是，通过制度创新，在守住安全底线的前提下，大刀阔斧，去繁就简，激发市场活力，打造更具国际市场影响力和竞争力的特殊经济功能区。

2019年8月30日,《关于促进中国(上海)自由贸易试验区临港新片区高质量发展实施特殊支持政策的若干意见》("临港50条")出台,聚焦了管理权限、专业人才、财税金融、规划土地、产业发展、住房保障和基础设施等多个方面,这些政策配合中央赋予新片区的开放制度和专门政策,目标是将上海自贸区临港新片区打造成为"要素资源最集聚、体制功能最完善、市场主体最活跃"的经济增长极。"临港50条"尤其强调在财税金融政策、吸引人才发展环境,以及推动高端产业集聚方面出台了一系列支持政策举措。特别是在财税政策方面,提出按照"地方财力留用、市区专项扶持"的原则,5年内临港新片区产生的地方收入全部用于新片区。

1. 赋予新片区更大改革自主权。支持新片区对标最高标准最好水平,大胆闯、大胆试、自主改,从先行先试、政策从优、充分赋权的角度制定了3条政策,包括重大改革举措优先在新片区试点;加大放权力度,赋予新片区管理机构市级和区级经济管理权限;深化营商环境改革,深化实施"一网通办"和单一综合窗口建设,进一步优化流程,提高办事效率。

2. 打造更具吸引力的人才发展环境。聚焦吸引国内和国际两方面人才,实行更加积极、更加开放、更加有效的人才政策,为新片区集聚海内外人才提供坚强有力的保障,让各类人才在新片区各展其才、各尽其用,打造创新活力迸发的海内外人才高地,为新片区"吸引人、留住人、用好人"。人才政策共12条,其中国内、国际人才政策各6条。国内人才方面侧重于支持人才引进落户和人才的培养激励,国际人才方面侧重于吸引境外专业人才来新片区工作的各项便利。

3. 加大财税金融政策支持力度。建立有利于产业和人才集聚的财税制度,按照"地方财力留用、市区专项扶持"的原则,5年内新片区产生的地方收入全部用于新片区。综合运用财政资金、税收、金融,吸引社会投资等政策为新片区发展提供资金保障等方面制定了8条政策。

4. 加大规划土地政策支持力度。以规划为引领,优化新片区空间格局,促进资源要素高效率配置,主要从编制国土空间规划、优化资源指标、提高容积率、提升园区平台创新服务能力等方面制定了5条政策。

5. 推动高端产业集聚发展。围绕新片区总体发展定位,坚持创新引领,着力打造世界级前沿产业集群,提升科技创新和产业融合能力,围绕重大项目和平台集聚、新一代信息基础设施布局、工业互联网建设、应用场景开放、高新技术企业认定、专利服务等制定了6条政策。

6. 加大对人才的住房保障力度。在以市场化方式解决居住的基础上,坚持"房住不炒"和"两个不是权宜之计",有序实施"一城一策",建立多主体供应、多渠道保障、租购并举的区域性住房体系,在完善购房和住房保障等方面制定了6条政策,为新片区人才提供稳定的居住环境。

7. 构建便捷的交通网络体系。按照独立城市、节点城市的定位,着力构建对外高效畅达、对内便捷绿色、管理智能便民的综合交通体系,制定了5条政策。

8. 提升城市服务功能。坚持以人为本,产城融合,不断丰富城市服务功能,打造高品质生活,建设宜业宜居新型城市,围绕优化教育和医疗资源、促进文化休闲、丰富商业网点、打造绿色生态环境和加强城市精细化管理等方面,制定了5条政策。

临港新片区在制度设计上的创新和提升主要体现在以下几个

方面：

一是有了明确的、更高的定位。上海自贸试验区其他片区是明确打造"国际高标准自由贸易园区"，而临港新片区是在上海自贸试验区其他片区投资贸易自由化便利化等试点政策的基础上，强调要打造"更具国际市场影响力和竞争力的特殊经济功能区"。通过加快建立与国际通行规则相衔接的制度体系，对改革试点内容提出了更高的发展标准，能够更好地满足由商品和要素流动型开放向规则等制度型开放转变的要求。

二是丰富了战略任务。临港新片区在上海自贸试验区其他片区主动服务"一带一路"建设和长江经济带发展国家战略基础上，进一步强调服务和融入长三角一体化发展战略，增加了"加强与长三角协同创新发展""带动长三角新一轮改革开放"等内容。

三是突出了产业发展。和上海自贸试验区其他片区相比，临港新片区将"建设具有国际市场竞争力的开放型产业体系"放在更加突出和重要的位置。如特别强调要通过聚焦集成电路、人工智能、生物医药、民用航空等重点产业，在投资环境、贸易监管、国际人才流动以及税收等核心环节，提出了一系列配套措施，以新发展理念来引领高质量发展。

四是在监管方式方面。原来的上海自贸试验区，包括上海外高桥保税区等四个海关特殊监管区域。临港新片区则将建设洋山特殊综合保税区作为海关特殊监管区域的一种新的类型，探索实施以安全监管为主、更高水平贸易自由化便利化监管政策，这是特殊经济功能在贸易自由化方面的一个具体体现，也是促进内外贸市场一体化发展的有益探索。

## 六、改革与法治同向而行

早在 2013 年自贸试验区筹建之初,就面临着是依循传统"破法改革"还是于法有据推进改革的道路选择……法治上海,最终选择的是后者。

在自贸试验区改革发展过程中,上海根据改革试点任务推进需要,多次向国家有关部门提出暂时调整实施法律、行政法规的请求。全国人大常委会和国务院针对自贸试验区,出台了多部暂时调整实施法律、行政法规的决定,包括外商投资企业法实施条例等多部有关行政审批的决定,在自贸区暂停实施。这些决定的颁布施行,体现了"重大改革于法有据"的要求,妥善处理了改革与法治的关系,确保了负面清单管理模式、服务业扩大开放等多项改革试点措施在自贸试验区的顺利推行。这种针对特定地区改革创新先行先试需求,在特定区域内对法律法规进行局部的、临时性的调整,最终被我国 2015 年的《立法法》第 13 条所确认,算是浦东为全国处理改革与法治的关系,走出了一条制度新路。

在地方立法方面,上海按照由易到难、由点到面的工作原则,先制定政府规章作为过渡,再制定地方性法规全面保障,稳妥把握立法的阶段性和前瞻性、稳定性和创新性的关系。

2013 年,上海市政府出台了《中国(上海)自由贸易试验区管理办法》,并提请市人大常委会审议通过了《中国(上海)自由贸易试验区条例》,确立了自贸试验区的基本管理制度和总体法制框架。在配套制度建设方面,国家有关部委和上海市政府及相关部门,在投资开放、商事登记、贸易监管、金融创新、"证照分离"改革、法治环境营造等多个领域,出台了百余个规范性文件,保证了相关改革试点措施的全面推行和及时落地。

上海自贸试验区已经形成了由法律、行政法规、地方性法规、政府规章、规范性文件等共同组成的综合性规则体系，与自贸试验区改革试点任务相适应的制度框架已经基本形成。

特别值得一提的是，在上海自贸区推进"证照分离"国家改革任务的过程中，为发挥法治的引领与保障作用，上海市人大常委会作出了一项极富创造性的安排：2015年12月30日，上海市人大常委会通过了《关于开展"证照分离"改革试点在浦东新区暂时调整实施本市有关地方性法规规定的决定》，确立了地方性法规"一揽子调整"及"向后滚动调整"的机制。

所谓"一揽子调整"，是指在浦东新区内，上海市有关地方性法规规定，凡与国务院批准的《上海市开展"证照分离"改革试点总体方案》不一致的，暂时调整实施。这样，上海的地方性法规为"证照分离"改革闸门洞开，不设任何阻碍。所谓"向后滚动调整"，是指在实施过程中，国务院对改革试点事项进行调整，上海市有关地方性法规规定与其不一致的，作相应调整。这是为了确保在第二批及更多批次的改革事项调整中，能够及时破除地方性法规的阻碍。

## 七、启　示

**启示一：自贸区建设应该立法先行，在合理范围内进行创新，并且前期应该进行大量论证。** 应该将自贸区的法治保障放在整个国家的法治体系下进行讨论，这涉及自贸区立法与其他法律的冲突和协调、自贸区发展方案本身的性质定位等问题。

**启示二：从法治角度而言，需要构建起"企业友好型法治环境",应当基于企业的需求导向,提供相应的法律制度供给。其内容主要包括:保障人、财、物资源配置的市场化,维护公平竞争秩序,确定合理税收制度,建立高效纠纷解决等方面的法律制度。政府的职能也应重在公共服务,通过公共服务提供对企业的支持和保障。因此,园区建设的法治路径应从以监管为核心而构建的法律关系为主,转变为以合约为核心而构建的平等主体之间的法律关系为主,并以此来调整园区在进一步开放过程中的各类行为和活动。

## 点　评

上海自贸区承载着中国经济体制变革中"制度创新、先行先试"的历史使命,既包括对国内旧体制的突破,也包括对国际新标准的借鉴,是中外体制在新的水平和制度空间上的融合。上海自贸区作为一个自由贸易的试验区,其涉及的领域是多方面的,在投资、贸易、金融、监管等方面构成了一个系统性的经济体制,但这一切都需要有法治化的制度保障。因此,作为自由贸易试验区,首要的就是法律制度构建。如果说上海自贸区是制度创新的新领域,那么法治创新则是其中最重要的拱心石。

## 思考题

1. 说说您如何理解"法治是最好的营商环境"和"改革与法治同向而行"这两句话?

2. 上海自贸区在制度和法治创新方面有哪些值得学习和借鉴的东西？

3. 在陕西，自贸区实现法治创新需要克服的最大障碍是什么？

# 放管服营商环境优化的"浦东样本"

## 序　言

良好的营商环境,是一个城市的吸引力、竞争力,更是创造力、驱动力的重要体现。

2019年10月24日,世界银行发布的《全球营商环境报告2020》显示,中国营商环境全球排名继去年从此前第78位跃至第46位后,今年再度提升,升至第31位,跻身全球前40。有专家表示,近年来,中国营商环境排名大幅提升,在开办企业、办理施工许可证、获得电力、纳税、保护中小投资者、注册资产、跨境贸易、执行合同、办理破产9个类别的改革中取得了突出进展,体现了中国政府不断深化放管服改革、进一步优化营商环境的决心。

## 一、背景:"放管服",政府的"自我革命"

深化"放管服"改革是全面深化改革的先手棋,是一场从观念到体制再到机制的深刻革命。"放"的核心是政府角色定位,"管"的核心是政府管理转型,"服"的核心是治理能力现代化。"放管服"改革要力求改变重权力轻责任、重效率轻公平、重发展轻民生、重企业轻民众、重生产轻生活等价值取向,推动政府治理能力和治理水平现代化。

2015年11月25日，李克强总理到上海考察自贸试验区时首次提出，要持续深化简政放权、放管结合、优化服务改革，"放、管、服"3个字一个都不能丢。

2016年5月9日，国务院召开全国推进放管服改革电视电话会议。李克强总理指出，"营商环境就是生产力"，改善营商环境要进一步做好简政放权的"减法"、做强监管的"加法"和优化服务的"乘法"。他同时强调，"放管服"改革实质是政府的自我革命，要削手中的权、去部门的利、割自己的肉。计利当计天下利，要相忍为国、让利于民，用政府减权限权和监管改革，换来市场活力和社会创造力释放。以舍小利成大义、以牺牲"小我"成就"大我"。要深化"放管服"改革，提升政府服务效能。

2016年11月21日，李克强总理在上海主持召开深化简政放权放管结合优化服务改革座谈会时指出："自贸区这个改革开放'高地'，高在'放管服'，高在'大众创业、万众创新'，高在新动能的培育，高在整个市场环境的开放、公平和公正。"引人注目的是，当天座谈会上，李克强再次用"壮士断腕"来形容推动"放管服"改革的决心，强调要持之以恒进行政府"自我革命"，用政府自身一时的"痛"换来人民群众长远的"利"。"当官为了什么？不就是为了造福百姓吗！用权为了什么？不就是要让人民受益吗！我们只有把'放管服'这件事做好了，才对得起百姓，对得起人民。"

"天下大事必作于细"，2018年3月，李克强总理在回答记者关于优化营商环境改革的提问时，又进一步将"放管服"改革具体化为"六个一"，即企业开办时间再减少一半；项目审批时间再砍掉一半；政务服务一网办通；企业和群众办事力争只进一扇门；

最多跑一次；凡是没有法律法规规定的证明一律取消。

2019年6月，国务院召开全国深化"放管服"改革优化营商环境电视电话会议。李克强总理强调，简政放权、放管结合、优化服务是处理好政府与市场关系的重大改革之举。要把"放管服"改革进一步推向深入，打造市场化法治化国际化营商环境。

自上海自贸区2013年成立以来，李克强总理先后6次实地考察，每次都要亲自过问"放管服"改革和营商环境优化等问题。作为"放管服"改革最先破题的地方，上海自贸区在简政放权、放管结合、优化服务上迈出实质步伐，从负面清单管理，到"证照分离"，再到"一网通办"，上海自贸区一直都是"放管服"改革的前沿阵地，探索形成了"放管服"改革的浦东样本，初步建立了现代化政府治理体系。

## 二、浦东样本之一：负面清单

所谓负面清单（Negative List），相当于投资领域的"黑名单"，明确列出了企业不能投资的领域和产业。负面清单是国际上重要的投资准入制度，目前国际上有70多个国家采用"准入前国民待遇和负面清单"的管理模式。

在上海自贸区成立之前，外商要想在中国设立企业则需要中国政府有关部门逐一审批。而2013年9月29日，上海自贸区正式成立当日，就发布了《中国（上海）自由贸易试验区外商投资准入特别管理措施（负面清单）（2013年）》，成为我国历史上第一版外商投资负面清单。该负面清单包括国民经济所有18个经济行业门类，涉及89个大类、419个中类和1069个小类，编制特别管理措施共190项，列明了外资企业不能投资的领域和产业，清单之外的领域和产业一律向外资开放。与 2011 年版的《外商投资产业指导目录》相比，2013 年版负面清单中禁止的类别涵盖了所有《外商投资产业指导目录》中禁止外商投资产业的目录，并且还多了数类禁止投资。上海市发展和改革委员会副主任朱民说："这种以负面清单为核心的外商投资管理方式的改变，正是上海自贸区取得的最大成绩之一。如外商投资负面清单的管理模式，用一张单子界定了一条边界，这条边界就是发挥好市场配置资源的决定作用和发挥好政府作用的边界，由此引发了清单式改革，所以这是一项基础性制度创新。"

自由贸易试验区负面清单 7 年来历经 5 次"瘦身"。

2014 年 7 月 1 日，上海市政府公布了《中国（上海）自由贸易试验区外商投资准入特别管理措施（负面清单）（2014 年修订）》。新版负面清单特别管理措施共计 139 条，其中限制性措施 110 条，禁止性措施 29 条，与 2013 年版相比减少了 51 条。对负面清单之外的领域，按照内外资一致的管理原则，外商投资项目实行备案制（国务院规定对国内投资项目保留核准的除外）；外商投资企业设立和变更实行备案管理。对负面清单之内的领域，外商投资项目实行核准制（国务院规定对外商投资项目实行备案的除外）；外商投资企业设立和变更实行审批管理。

2015 年，负面清单开始走出上海自贸区，由国务院发布，适用于上海、广东、福建、天津四大自贸区，是首个全国自贸区统一适用的负面清单。2015 年版负面清单分为 15 个门类、50 个条目、122 项特别管理措施，其中特别管理措施包括具体行业措施和适用于所有行业的水平措施。清单外的领域，在自贸区内按内外资一致原则实施管理，并由所在地省级人民政府发布实施指南，做好相关引导工作。与 2014 年版负面清单相比，总体上是做减法，但并不是在原有基础上的简单减少,而是有增有减,增加的地方主要集中在金融领域和文化、体育和娱乐领域,这有些超预期,反而体现了清单透明度和开放度以及完整性都有所提高,显示出中国外商投资负面清单管理模式在不断深化和完善。

2017年版自贸区负面清单减至95项,并覆盖当时的11个自贸试验区。2018年自贸区负面清单减至45项。2019年进一步推出一批开放措施,自贸区外资准入负面清单条目减至37项,较2018年压减17.8%。梳理2019年版负面清单内容可以发现,在交通运输、增值电信、基础设施,以及制造业、采矿业、农业领域均推出了新的开放措施,在更多领域允许外资控股或独资经营。

负面清单制度建立7年来,上海自贸区引进外资成效明显,外资企业在上海自贸试验区新设企业中的占比不断提升,截止到2019年底已经集聚了近2万户外资企业,注册资本2829亿美元,合同外资达1271亿美元。同时上海自贸区也集聚了外资研发机构233家,跨国公司地区总部304家,都占到了上海全市企业数的一半以上。在国务院公布的两批54项扩大开放措施中,自贸区已经累计落地项目超过2800个。与此同时,商务部数据显示,我国利用外资规模稳步增长。2019年,全国新设立外商投资企业40888家,实际使用外资9415亿元,同比增长5.8%,折合1381亿美元,增长2.4%。

负面清单的推出只是上海自贸区在改革管理方式的过程中迈出的第一步,与之相伴随的改变,是把外商投资企业的设立和变更由审批改为备案管理,而且是全程在网上办理备案,这就大大提高了投资的便利化程度。现在,在上海自贸区设立一家外资企业的办理时间已经由最开始的8个工作日缩减至1个工作日。

2018年10月,上海自贸区发布了《中国(上海)自由贸易试验区跨境服务贸易特别管理措施（负面清单）》，包括159项特别管理措施，涉及13个门类，31个行业大类。这是中国第一份跨境服务贸易领域的负面清单，是一项立足上海、服务全国、对标国际的制度创新，将为中国服务贸易的创新发展作进一步的探索。

## 三、浦东样本之二：证照分离

在中国，"证"和"照"是企业进入市场的两把"钥匙"。所谓"照"，是指工商和市场监管部门颁发的营业执照；而"证"，则是指相关行业主管部门颁发的经营许可证。在很多情况下，行业主管部门都是将自己的审批置于工商登记之前，且规定了很多严格的条件，实行的是"先证后照"的管理模式。2015年，上海自贸区率先开展了商事登记制度改革，实现了市场准入领域的"先照后证"。也就是说，一个企业只要到工商和市场监管部门领取营业执照，就可以从事一般的生产经营活动；只有当这家企业想从事需要许可的生产经营活动时才需要再到相关审批部门办理许可手续。但是，从"先证后照"到"先照后证"，一些企业反映，获得商事登记主体资格后，要实际开展经营业务，还存在办证多、办证难等问题。

2015年12月16日，国务院常务会议决定，深化"先照后证"改革，开展"证照分离"试点，通过改革审批方式，加强综合监管，进一步完善市场准入，使企业办事更加便捷高效，着力缓解办证难问题，激发"双创"活力。2016年元旦，上海自贸区在全国率先启动"证照分离"改革试点。

上海自贸区"证照分离"改革采取分类推进的方式，从与企业经营活动密切相关的行政许可事项中，选择116项行政许可事项先行开展改革试验。一是取消审批。对市场竞争机制能够有效调节，行业组织或中介机构能够有效实现行业自律管理的事项，取消办证审批，允许企业取得营业执照后直接开展相关经营活动。二是改审批为备案。根据规定的备案条件，企业将相关材料报送政府有关部门后，即可开展相关经营活动；政府有关部门发现企业有违法违规行为后，通过加强事中事后监管，予以纠正或处罚。政府部门不对备案材料进行核准或许可。三是简化审批，实行告知承诺制。对暂时不能取消审批，但通过事中事后监管能够纠正不符合审批条件的行为且不会产生严重后果的行政审批事项，实行告知承诺制。四是提高审批的透明度和可预期性。对于暂时不能取消审批的行政许可事项，推进流程标准化和网上公开办理，明确审批标准和办理时限，实现办理过程公开透明，办理结果有明确预期。五是对涉及公共安全、环境保护及直接关系群众生命财产安全等特定活动的行政许可事项，强化市场准入管理和风险防控。

放得开，更要管得住。放管结合，只有管得住、管得好，才能对市场放得更开。"证照分离"改革有100多个涉企事项，涉及部门多、层级多、涵盖事项多，只有上下联动、左右协同，才能合力推动改革任务落实。上海自贸区"证照分离"改革过程中，按照"放管结合"的原则，进一步探索加强事中事后监管的有效方式和措施，形成以"六个双"政府监管机制为核心的事中事后监管体系，包括"双告知、双反馈、双跟踪"许可办理机制和"双随机、双评估、双公示"监管协同机制，建立起信息互联共享、证照监管协同、诚信自律结合、行业社会共治、风险预警及时的综合监管体系，实现了对市场主体行为全生命周期跟踪，进一步补齐了"照后证前"的监管短板。

2017年11月上线运行的"企业开业地图",是上海自贸区深化"证照分离"改革试点的新举措,打破了部门设置,以国民经济行业分类为索引,建立覆盖国家、市、区三级548项企业市场准入审批事项的在线查询办理平台,为企业提供一站式服务,并逐步把登记注册、前置许可、"多证合一"等企业开办类事项整合纳入"地图"。

从"先证后照"到"先照后证",再到"证照分离",与之相对应的是审批手续的大幅简化。截止到2018年底,上海自贸区一共对198项涉及企业的审批事项进行了改革,希望能够最大限度减少审批事项、优化审批流程,降低企业创新创业的门槛,"坚持能放则放,让市场在资源配置中发挥决定性作用,两轮198项改革中,27项取消审批,占比14%;17项改为备案,占比8%;75项实行告知承诺,占比38%。这三种改革方式占比超过60%"。

"证照分离"改革不仅是单个审批事项的改革,更重大的意义在于通过改革转变了行政审批方式,破除了市场准入的行政壁垒,方便了企业创业,提升了政府治理能力,也加快了自贸区办事速度:"从名称库选名的企业新设及变更当场办结,需要核名的企业新设2天内办结,不动产登记实现5个自然日内拿证,首次进口非特殊用途化妆品审批改为备案,时间从改革前3到6个月减少到3到5个工作日。工程建设领域,建筑企业资质许可实施告知承诺并实现全程网上办理,2017年和2018年申请量较2016年分别增长144%和110%。"

监管方式的转变,不仅带来了自贸区营商环境的改善,也有效激发了市场活力。截至2018年年底,上海自贸试验区累计新注册企业5.7万家,是前20年同一区域企业数的1.6倍。2018年9月27日,国务院印发《关于在全国推开"证照分离"改革的通知》,明确要求在全国对第一批106项涉企行政审批事项实行改革,推进"照后减证"。

2019年7月31日,上海浦东新区举行"一业一证"改革发布会,并颁发首批行业"综合许可证"。这标志着浦东在全国率先推进行业准入审批改革,把过去一个行业多个审批事项整合为一张许可证即可"闯天下"。

"一业一证"是一项难度极大的系统性改革。以开一家便利店为例,过去企业要获得5张许可证,包括食品安全许可、烟草专卖许可、医药器械销售许可等。"一业一证"改革后,企业在浦东开办便利店,只要办理一张综合行业许可证,即能开展市场运营。企业办证的时间因此大幅缩短,从法定时间95个工作日缩减到5个工作日。时间缩短的同时,企业办事所需提交的材料,需要填写的表格也大幅减少。过去开设便利店需要填写9张表格,现在只需1张;过去需要填写313项填表要素,现在只需填写98项,缩减了69%;过去企业需要准备53份材料,现在只需要准备10份,缩减了80%。这些改变让企业实实在在感受到了改革带来的便利。

试点"一业一证"改革后,10个行业的改革预期成效将会非常明显,平均每个行业实现审批事项压减76%,审批时限压减88%,申请材料压减67%,填表要素压减60%。未来,"一业一证"改革还将向更多行业推广复制,争取尽早覆盖所有市场主体。

"一业一证"改革,是上海贯彻落实国务院部署,探索"照后减证",拿出的一项"浦东方案"。浦东新区常务副区长姬兆亮表示,"一业一证"改革背后,浦东探索了"六个一"的流程再造,即实现"一帽牵头",一个行业由一个部门牵头建立"放管服"高效协同机制;实现"一键导航",重构审批事项指引方式,实现企业办事导引从"模糊查找"转变为"个性定制";实现"一单告知"，对审批条件进行标准化集成，形成一张准确、清晰、易懂的告知单；实现"一表申请"，将多张申请表合并集成为一张申请表，系统申请材料中抓取数据自动填写；实现"一标核准"，梳理整合一个行业涉及的多个审批环节，变"串联"为"并联"；实现"一证准营"，把一个行业准入的多张许可证进行彻底整合。

在上海，以"证照分离"为代表的简政放权，已成为加快转变政府职能的核心举措。

## 四、浦东样本之三：单一窗口

"单一窗口"这一概念最早源自联合国贸易便利化和电子商务中心33号建议书，主要是指参与国际贸易和运输的各方，通过单一的平台提交标准化的信息和单证以满足相关法律法规及管理的要求。

单一窗口作为上海自贸区贸易监管制度创新的重要内容之一，依托成熟的上海电子口岸平台建设。单一窗口建设以"一个平台、一次提交、结果反馈、数据共享"为原则，企业通过单一窗口一个平台一次性递交满足贸易监管所需的所有材料，监管部门也通过一个平台将结果反馈给相关企业，实现企业与监管部门之间、监管部门相互之间的数据共享和国际贸易相关手续的"一网通办"。

单一窗口于2014年2月启动建设，到2015年6月1.0版上线，建成了货物申报和船舶申报两个核心功能，并启动应用试点。2015年底的2.0版，进一步拓展了相关功能，扩大了服务领域。2016年底，建成3.0版，实现上海口岸所有企业的普遍使用。2017年至今，按照上海市委、市政府要求，对标国际最高标准，全面深化3.0版建设，打造国际一流的国际贸易单一窗口，努力促进上海营商环境优化。像船舶进出港手续办理，以往企业需要分别跑4个现场去办理、盖章，还要把纸质许可证送达船长。现在，让数据跑路。通过单一窗口在线办理，流程由"串联"变"并联"；并通过电子签章，网络送达，突破了时间和空间的限制，办理时间由1天缩短到2个小时。

单一窗口通过制度创新和技术创新增效降本，货物申报由1天到半小时，船舶申报由2天到2小时；同时节约了各类申报企业的成本，每年可达20亿元以上。目前单一窗口处理全国将近1/3的进出口贸易量，是全球业务处理规模最大的平台。2019年上半年，单一窗口已经实现395家外地企业超过91000多批次的货物申报。同时上海电子口岸平台的区域化项目也已经在长三角乃至长江流域拓展，例如上海电子口岸的电子放箱系统，已经联通了长三角的23个港口。下一步，将继续保持上海口岸统一平台定位，整合上海口岸优势资源，构建长三角海空物流服务一体化平台。

此外，单一窗口还将积极推动"一带一路"沿线口岸的互联互通，实现了多个智慧化的应用上线。比如检验检疫的快件查验系统，通过机器学习，将原有的检验检疫快检查验效率由原来的6‰提升到了现在的50%。

基于单一窗口，上海电子口岸整合了其全量业务数据，实现了进出口货物"通关+物流"的全流程可视化，极大提升了进出口企业的工作效率。同时，上海电子口岸还采集了全球船舶的定位数据，和上海口岸的进出口货物信息进行整合，为全球从上海进出口货物的企业提供全球供应链可视化服务。

世界银行对单一窗口高度评价，认为中国（上海）国际贸易单一窗口全球领先。在今年世界银行的《营商环境报告》中，世界银行向全球推荐了中国（上海）国际贸易单一窗口。

## 五、浦东样本之四：一网通办

所谓"一网通办"，就是线上线下融合，将市场准入事项通过网上政务大厅登录，纸质材料通过快递寄递，实现申报、预审、受理、审查、决定、发证六个环节网上办理。

走进位于上海合欢路的中国（上海）自由贸易试验区企业服务中心，你会对前来办理事项的群众数量感到震惊。这里接待办事群众平均每天两三千人次，这么多人办事，面对的不是排队、等待和拥堵，而是有序、便捷和高效。

上海自贸区企业服务中心合欢路服务平台大楼共有24个部门进驻，受理涉企事项405项。从2019年3月开始，在327项涉企审批事项全覆盖的基础上，实现100%全程网上办理。在线下，382项涉企事项全部实现"一网通办"和"最多跑一次"，其中"不见面审批"已达到53%，实际办理时间（3.3个工作日）比法定时限（22个工作日）压缩了85%。原分别在120个专业窗口办理的事项，现集中在51个综合窗口实行通办，窗口压缩率达到57.5%。过去，所有部门在办事大厅各设一个窗口，对办事流程不熟悉的企业常常会摸不着头脑，如今，一个综合窗口就"包办"了所有难题。

企业服务中心专设"找茬窗口"，确保事事有着落、件件有回音。"找茬"机制自2017年11月17日正式运行以来，不到一年半的时间共受理"找茬"意见1922条，解决1822条。微信小程序"浦通办"的诞生，就源自企业在"找茬"过程中对远程身份核验的普遍呼声。

现在，要想注册公司，只要在手机微信端搜索、打开"浦通办"小程序，按照提示依次上传身份证等个人和企业信息，并完成几秒钟的远程人脸识别，就可以将办事材料提交系统审核了。而相关纸质材料，也只需企业办事人员快递至浦东新区企业服务中心综合窗口，等候相关审批部门将办好的营业执照快递回来即可，前后不超过5个工作日。从跑N次到跑一次再到"全程网办"，"一网通办"在上海自贸区跑出了"极速"。

"一网通办"所建立的前台综合受理，后台分类审批，统一窗口出证的模式，不仅是业务流程的改变，更是一个革命性的改造，对政府来讲是一个比较大的挑战，是把原来的这个部门所有分设窗口的服务模式进行了颠覆性的改革，取消了部门之间的专业性隔阂，极大地方便了企业，优化了营商环境。

为了实现"一网通办"，上海自贸区构建了三个支撑体系，一是推进"四个集中、一次办成"，即：所有部门的审批处室向企业服务中心集中，所有市场准入审批事项向"单窗通办"集中，所有投资建设审批事项向"单一窗口"集中，在临港、张江等重点区域探索建设项目集中验收。同时在市场准入审批领域及建设项目方案审批、施工图审查、施工许可三个阶段实现"一次办成"。二是建立"一号响应"总客服机制，包括"找茬"机制、"窗口无否决权"机制、帮办机制、主题套餐个性化服务机制和审批承诺时间动态优化机制。三是建成"一库共享"电子证照库，充分应用大数据、智能化等新兴技术，把各个委办局的政策进行归集，打造一个强大的证照库。受理系统和证照库进行对接，企业办理事项时就可以根据需求，从系统里调取到诸如营业执照等其他资料。截至目前，已有70多项高频证照可从系统中调取，实现了电子证照、信息数据在政府内部互认共享。

"一网通办"早已走出上海自贸区，2018年10月上海"一网通办"总门户正式上线。仅仅一年时间，上海已有38个市级部门、16个区、220个街镇的网上办事服务接入"一网通办"总门户。注册用户已突破1200万，其中个人实名用户1008万，法人用户199万。"随申办"APP月活跃用户达312万。"一网通办"平台已接入2035个政务服务事项，实现行政审批事项全覆盖，其中90.8%，也就是1839个事项，具备了"最多跑一次"的服务能力，1400个（占68.8%）具备"全程网办"，也就是"零跑动"能力。

如今，市民只需打开"中国上海"门户网站进入"一网通办"专栏，点击"个人社区事务服务"模块，即可实现11个政府部门的169个事项"一网通办"。除了个人办事外，在上海市开办企业也可通过"一窗通"网上服务提交材料预审，最多只需3天，即可拿到营业执照。

目前，上海"一网通办"正在谋划升级，即运用大数据和人工智能技术，给用户"画像"，通过研判市民和企业的潜在需求，主动推送各种专属的个性化服务。一句话，要让政务服务更"懂"你，让企业和群众办事能像"网购"一样便捷。上海市委书记李强说，"要全力打造营商环境的新亮点、新标识，使营商环境成为上海的金字招牌。"重中之重是打响"一网通办"政务服务品牌，把"一网通办"作为深化"放管服"改革和优化营商环境的重要抓手，让企业和群众更多受益。

## 六、"浦东样本"打造"自贸区速度"

通过加快以自贸区理念推进政府职能转变，上海自贸试验区正在形成一个放得更活、管得更好、服务更优的营商环境,"浦东样本"打造出靓丽的"自贸区速度"。

自贸区速度,首先体现在外商投资负面清单外项目的备案上:外商投资的办理时间由8个工作日缩减到1个工作日,申报材料由10份减少到3份。保税区域新设外资企业8000家,超过挂牌前23年的5000家,其中92%的外资企业以备案方式设立,有95家世界500强企业投资了222个项目。

自贸区速度,也体现在境外投资上:改核准为备案管理后,办结时间从3~6个月缩短至3天;至2018年11月底,累计办结境外投资项目2326个,是设立前的4倍;其中中方投资额累计702亿美元。

自贸区速度,还体现在贸易便利化上:货物进出口海关通关时间2017年较2016年压缩近1/3,企业物流成本平均降低约10%。2019年保税片区海运通关时间有望缩短至2天、空运缩短至12小时。

## 七、启 示

启示一:要充分发挥自贸区在制度创新中先行先试的先导作用,发挥自贸区的整体优势,充分利用国家给予自贸区的特殊政策,大胆进行体制机制方面的改革,尤其是政府治理模式的深刻变革。

启示二:政府"放管服"改革要注意制度设计的系统性、改革过程的渐进性、配套政策的协调性和一致性,要充分利用互联网、大数据、人工智能和区块链等基础技术平台作为支撑。

启示三:对于自贸区"放管服"改革的成功经验,应大力复制推广，实现政府服务理念和管理效能的全面提升，实现营商环境的根本性改善。

## 点评

率先形成法治化、国际化、便利化的营商环境，加快形成公平、统一、高效的市场环境是自贸区诞生时就肩负的使命。上海自贸区是我国改善营商环境、提高服务水平的重要载体。6年多来，上海自贸区在投资、贸易、金融等领域提供了300多项可复制可推广的经验，概括起来可以说是营造了更加开放、自由、公平的营商环境。2019年，世界银行发布的《营商环境报告》显示，中国排名大幅上升15位至第31位，这是世行发布《营商环境报告》以来中国获得的最好的名次，权重过半的"上海样本"交出了一份高分答卷。

## 思考题

1. 对照上海自贸区营商环境现状，分析一下陕西自贸区和你所在的产业园区在营商环境优化方面还存在哪些不足？未来应该采取哪些有效措施加以改进？

2. 谈谈你对"放管服"改革中，政府角色和职能转变的理解。

# 科技大市场 科技资源统筹的"西安发明"

## 序 言

2011年4月2日,西安科技大市场正式"营业"。这是西安建设国家统筹科技资源改革示范基地的重点项目,主要依托陕西和西安科教资源丰富的优势,积极探索统筹科技资源的新模式。作为科技资源统筹的服务平台,"科技大市场"的重要功能之一是统筹全市科技资源实现"共享"。通过提供集科技资源、科技政策、科技服务于一体的"科技产品综合服务"解决方案,集合原本分散在各高校、科研院所和军工单位自用的科技文献、科学数据、大型仪器、检测平台、通用设备等科技设施,向企业和其他科研单位开放,实现信息共享、资源共用、利益共得,使科技设施发挥出最大效益,从而极大地激活西安科技资源内在潜力,促进西安经济建设。科技大市场将集"展示、交易、共享、服务、交流"等功能于一体,成为西安统筹科技资源的巨大推力。

## 一、背 景

提到西安科技大市场的建立,就不能不提长期以来困扰经济发展的所谓"陕西现象",即"科技强,经济弱"的倒挂现象。

在外界看来,陕西的科教优势令人羡慕:拥有 96 所高校,各类科研机构 1340 家,国家级园区平台 324 家,国际创新合作平台 71 个,两院院士 69 人,2018 年全省全社会研发经费投入 532.42 亿元;2015 年至 2018 年共 139 项科技成果获得国家科学技术奖,保持全国前列;技术合同交易额年均增长 100 亿元以上,由 2014 年的 639.98 亿元增长到 2019 年的 1467.83 亿元,位居全国第 6。作为省会城市,西安是科技大市,拥有各类高等院校 84 所,科研院所 460 余家,国家级重点实验室 23 个,省级重点实验室 140 个,国家级工程技术研究中心 2 个,省级工程技术研究中心 175 个,各类专业技术人员 44 万人,科技实力十分雄厚。

但科技资源分散、分隔、分离,科教实力无法转化为经济发展动力的"陕西现象"也长期存在。究其原因,最突出的问题表现为"三分"现象:一是体制上"分离"。产学研结合不够。军工实力在全国城市排名第一,但军转民产业的工业产值占总量不足 5%。二是布局上"分散",主要表现为科技资源统筹和共享机制不完善,科研设施和科技信息共享不够,没有聚集效应。西安市集中在高校、科研院所的重要实验测试装备 5000 多套,但实现共享的仅占 22%;军工单位可对外的通用生产设备和实验测试仪器 27000 多套,基本没有实现共享。仅从设备资源情况来看,以西安一些科研单位为例,"上一个项目,买一台设备"的现象非常普遍,实验设备、科研力量重复购置、重叠布局、闲置浪费情况十分严重。与此同时,大量科技型中小企业有研发需求,却无力购买仪器设备。三是市场上"分隔"。由于条块分割、机制不顺、隶属不同、行业各异等方面的原因,高校、科研院所和军工单位与地方经济的融合度不够,科研院所和科研机构各自为政,没有形成发展合力，导致创造的科研成果在当地转化不足，其本地实现的成果交易不足总量的30%。

"统筹科技资源"这个提法，是《关中—天水经济区发展规划》中首次提出的新概念。该规划明确指出"要建成以西安为中心的统筹科技资源改革示范基地"。

统筹科技资源的实质，就是要把"分散不能支配"的科技资源，转变为"可利用"的资源，其中"可利用"的方式尤其重要。统筹科技资源，就是要通过体制的创新，不断促进科技人员"解放"；通过平台的打造，促进高校、科研院所、军工单位这些科研机构能量"释放"；通过政策的引导，促进深藏在高校、科研院所和军工单位的科技设施开放。统筹科技资源，就是让"科研人才""高校院所""仪器设备"高速、超常运转，服务地方中小企业，形成产业链、产业集群。

西安科技大市场是由西安市科技局和西安高新区管委会共建的统筹科技资源的基础平台，是贯彻落实《关中—天水经济区发展规划》"建设以西安为中心的国家统筹科技资源改革示范基地"启动的重大项目，是实施自主创新战略，加快国家创新型城市建设的一项基础性、先导性工程。该市场全方位所展示的多种科技信息和服务功能，必将成为科技资源统筹转化"聚变器"，标志着"建设以西安为中心的国家统筹科技资源改革示范基地"正式迈入全面实施阶段。

## 二、发展中的西安科技大市场

### （一）定 位

西安科技大市场是技术创新和成果转化的加速器、科技产业发展的助推器、科技资源统筹利用的聚变器。西安科技大市场将通过政府引导、市场配置、模式创新、政策支撑、服务集成"五措并举",致力于打造立足西安、服务关天、辐射全国、连通国际的科技资源集聚中心和科技服务创新平台。

### (二) 目　标

科技大市场将探索我国统筹科技资源改革之路,努力打造国际知名、国内一流的产学研合作促进平台、科技资源统筹转化中心和科技创新综合服务基地,有效促进科技信息共享化、科技服务集成化、科技交易市场化、科技资源商品化和科技成果产业化,实现科技要素的聚集、内外资源的聚合、科技优势向创新优势、产业优势、经济优势的聚变,在创新型国家建设和区域经济发展中发挥辐射带动和示范引领作用。

### (三) 功　能

科技大市场将重点发挥"交易、共享、服务、交流"四位一体的功能:

"交易"功能——通过线上线下、网内网外的有机融合,汇集技术、成果、资金等科技资源供需信息,依托政策引导和市场交易,促进技术转移和成果转化。

"共享"功能——通过技术平台、仪器设备、科技文献、专家人才等资源的共享,实现科技资源的开放整合与高效利用。

"服务"功能——通过人才创业、政策落实、知识产权、科技中介、联合创新等专业化和集成化服务,构建流动、高效、协作的创新体系,推动科技创新创业,实现科技资源与产业的有效对接。

"交流"功能——通过举办科技大集市和各种专业论坛,开展科技宣传、咨询、培训等活动，促进科技资源的交流与合作，推动科技成果的商品化、产业化与国际化。

## （四）平台体系

科技大市场坚持"开放性理念、市场化机制"建设原则，对服务体系进行改版升级，由原来的"一网一厅"信息展示平台升级至以科技资源信息化平台、科技服务市场化平台、移动互联平台、综合科技服务大厅"三网一厅"为基本架构的业务服务平台，集聚了大量高等院校、科研院所的仪器设备资源、科技成果资源、专家人才资源等，向企业和产业提供服务。在此基础上，通过增加科技服务商城功能、形成"云管平台"，实现"资源云"迭代为"服务云"。该平台已经实现了一站式服务，从企业的注册到后期的财税规划、知识产权规划、政策服务等都可以实现"服务到底"。该平台采用政府与企业共建、线上与线下融合、信息与业务联动、公益与商用并行的建设运营模式，建成"三网一厅"服务体系。培育引进凡特网、金知网、租赁网等专业电商平台，构建

"互联网+科技服务"的新模式。

为了更好地发挥平台作用,西安科技大市场还制定了相应的配套科技政策,提供基础性公共服务,免费为企业培养1~2名创新专员,通过不断调整优化,实现科技政策服务标准化。同时设立"创新创业讲习所",为创新创业主体提供资源和平台支持,将原有的零散的资源和服务进行体系化整合和服务升级,开设领域详细的专业化培训课程,并与国内知名机构合作,为创新创业主体提供多元化渠道及资源。

## 三、科技服务"公益+市场"的创新模式

2011年至2014年,是西安科技大市场的基础建设期,由政府主导建设公益性基础服务平台,同时尝试探索市场化服务机制。2014年,由西安科技大市场参与孵化的一批电商平台"应运而生",在全国范围内广泛吸纳优质机构进行市场化运作,吸收社会资本投入建设,市场化尝试效应初显。2015年,大市场着手成立了市场化运行主体,"公益+市场"并行模式基本完成,开始在全国范围内复制及推广。

### (一)创新服务平台体系建设的"公益+市场"模式

2012年开始,西安科技大市场对服务体系进行改版升级,形成"云管平台",逐步从第三方平台服务创新性提升为"第三方+第四方"的平台服务定位。其中,将基础公共服务平台改造为"多接口"式平台,构建起科技资源的跨区域高速网络,实现科技资源的"云聚变"效应,从而最大限度地释放科技要素的创新活力。同时,科技服务电商平台的孵化培育工作一直持续进行,7年

间，通过科技大市场培育的专业电商平台共计 12 个，包括以检验检测为核心业务的凡特网、工业品的团购平台量采网、促进闲置设备共享的租赁网、商标质押流转的金知网等，形成了一批具有市场能力的科技服务电商平台。特别是 2015 年以来，西安科技大市场承担国家知识产权交易军民融合特色试点工程的建设任务，成为国家知识产权"1 + 2 + 20 + N"试点体系中的核心平台之一，于 2017 年初完成一期建设并投入使用，为国家探索了专利交易和军民融合的市场化创新模式。

### （二）技术转移人才体系建设的"公益 + 市场"模式

西安科技大市场在全国率先提出"西安技术经理人"服务模式，并于 2014 年成立了全国首个"西安技术经理人协会"。通过建立行业规则体系，维护科技成果转移转化市场秩序，改善了科技人员发展的环境和社会地位，提升了科技人员创业的积极性，加速了科技人员能力的释放。一方面，以公益性培训为国家培养新型、专业的技术转移高端人才，其中，"科技创新工程师"由西安市人社局与技术经理人协会联合认定，被列入中级职称评定序列，被广大技术人员喻为"最具实战操作经验"的职称。另一方面，成立技术转移概念验证中心（POCC），为科技成果转移转化嫁接新的商业模式和市场渠道，也加快推进技术转移服务的市场化步骤。

### （三）科技政策服务体系建设的"公益 + 市场"模式

西安科技大市场在科技政策方面提供基础性公共服务，免费为企业培养 1~2 名创新专员，以提升企业的政策管理能力及专业服务人员的素质，让企业及时享受到政策红利。同时，科技政策服务不断标准化，成为国家倡导政府采购第三方服务的有效方式。科技计划项目委托评审也成为科技大市场的增值性服务，连续3年承接了西安市、济源市、运城市的科技计划评审工作；受西安市知识产权局委托受理全市国内专利资助政策，实现了在线申报兑现；连续3年受西安高新区管委会委托，受理、评审奖补政策申报，落实政策资金超过10亿元。

### （四）创新交流平台建设的"公益+市场"模式

西安科技大市场设立"创新创业讲习所"，为创新创业主体提供资源和平台支持，将原有的零散的资源和服务进行体系化整合和服务升级，开设领域详细的专业化培训课程，包括人才创业类、技术转移类、军民融合类、科技政策类、知识产权类、科技金融类等多个领域的培训，涵盖创新改革工作的全领域；同时与国内知名机构合作，开设阿里外贸大讲堂，为创新创业主体提供多元化渠道及资源，通过平台为企业提供更多商业机会和市场信息；在特色培训课程中，为科技企业搭建无障碍平台，举行科技企业"面对面"沙龙，拓展了企业的视野和思路。西安科技大市场自2017年作为全创改革试点单位以来，委托受理全市企业军工四证办理业务，通过与专业服务单位合作，嫁接市场服务渠道，制定市场服务规则，规范市场定价标准，为企业提供便利有效的服务。

## 四、科技成果转化"1+3"服务体系

在成果转化服务人才体系建设方面，依托西安科技大市场作为创新服务载体，坚持"以市场为依托配置科技资源，以利益为纽带转化科技成果"的原则，不断积极探索和完善体制机制，建

立起技术交易市场＋技术经理人协会、技术经理人公司、技术经理人的"1＋3"服务体系，通过技术经理人项目储备对接、技术经理人公司组织运营、技术经理人协会搭建平台和组织活动。

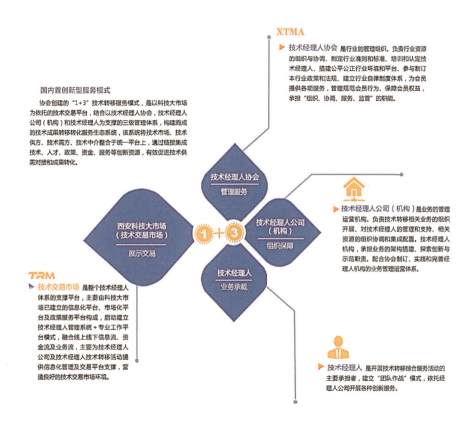

技术经理人协会是科技服务业社会责任和职业道德的积极推动者，在技术转服务活动中享有极高的信誉。其会员多任职于各类科技服务机构、高校、科研院所、研发型企业及政府部门的高层职位，具备过硬的专业知识，能够担任"技术转移合伙人"。

协会已与众多国内知名机构建立了密切的合作关系，包括企业、高校、科研院所、地方政府、行业其他组织，以及金融、评估、检验检测等各类服务机构。通过搭建平台和组织活动，协会为会员提供职业发展、行业信誉、优质服务和科技服务通行证等方式，将技术供方、技术需方、技术中介整合，集成技术、人才、政策、资金、服务等创新资源，并按照"全链条一体化"的建设思路，建立了一套成果筛选—孵化—转化的运行模式。

通过科技大市场"1+3"服务体系，有效推进了科技成果转化。根据数据显示：截至2018年11月，西安科技大市场推动全市技术交易额累计达到4485.65亿元，完成技术合同认定登记14.4万份；吸纳入库大型科学仪器设备1.3万台（套），登记设备共享服务交易额达到19.3亿元；汇聚行业专家1.8万名、科技企业7736家、科技成果7325项；培养科技政策联络员6292名，帮助企业落实各类政策、减免税收154.8亿元；加盟服务机构665家，驻场机构45家；累计挂牌项目达到12494个，视频发布项目1463个；累计举办各类交流活动2791场次，超过24万人次参与；网络平台注册会员27842个，流量突破764万次。

依托西安科技大市场"1+3"服务体系，截至2018年11月，技术经理人机构全程参与的科技成果项目76项，对接合同金额1.02亿元。技术经理人协会实现了良性循环，已发展企业会员80家，个人会员253名；认定技术经理人机构63家，认定技术经理人239名；开展各类项目对接活动23场次，组织培训21场次3000余人，技术成果平台上线入库项目7138项。技术经理人所在公司中，有9家2016年营业收入超过1000万元。

西安科技大市场已经先后被认定为国家技术转移示范单位、国家技术转移西北中心、国家知识产权运营军民融合特色试点平台、国家技术转移人才培养基地、国家级科技服务综合标准化试点建设单位、西安市人才工作创新实验基地、西安市中小企业公共服务示范平台、中国产学研合作公共服务平台战略联盟发起单位。在构建区域科技创新综合服务体系及科技创新生态等方面所作出的积极探索与实践,被中央电视台《新闻联播》栏目关注报道,已成为科技领域的"西安品牌"。

## 五、创新做法

### (一)让科技服务成为"淘宝"式服务

在平台创新业务规划之初,参与需求征集调研的科技企业和科研人员就提出,西安市需要一个集科技成果、技术需求和技术专家于一体的公共信息服务平台,解决需要技术的找不到"卖方",技术成果找不到"下家",供需买卖基本靠朋友圈的实际问题。同时,还有企业,特别是中小企业、创业企业,在发展过程中面临高价、稀缺的检验检测设备寻找难、匹配难、使用难、成本高等现实问题。于是,西安科技大市场线上平台1.0版本应运而生,为科技创新主体解决了供需信息不对称、服务渠道不畅通等问题。2012年,"凡特网"这个俗称检验检测的"淘宝网"正式上线,成为全国首个检验检测的科技服务电商平台。随后,西安市发改委主导的科技惠民工程——贵金属1元检测服务、室内空气质量检测服务包、妈妈奶粉检测服务、食药监局小作坊食品安全检测等先后上线平台,得到了企事业单位和广大市民的一致好评。

### (二)让科技服务人员实现职业的价值

2014年以来,各级创新驱动、双创政策频频发布。一方面大大改善了科技人员发展的环境,提升了其社会地位;另一方面也提升了科技人员创业的积极性，加速了科技人员能力的释放。为了满足科技人员转型发展的部分诉求，也为技术转移成果转化提供强有力的服务支撑，西安科技大市场编制了专项培养的课程和教材，聘请知名高校的讲师，开始培养新型、专业的服务人才——技术经理人，加速一批高端技术人才的转型发展。几年间，先后培养出150多名专业技术经理人、70余家技术经理人机构，组织了初级、中级培训班，高校科研处长培训班、高校科研秘书培训班等。

### （三）让科技政策成为手边的"红利"

针对企业普遍反映的面对出台的各种科技政策，不了解、缺渠道、难申报、宣贯差、难兑现等实际困难。2011年起，西安科技大市场开始培养并构建政策联络员服务体系，免费为企业培养政策联络员，提供免费的财税、政策、申报、管理、法律等方面的体系化培训课程，对政策联络员进行资质认定和服务年审。此举使得企业政策管理能力、专业服务人员素质和企业获得政策红利都得到了提升，连政策联络员跳槽都是带着"身价"走的，一本不受官方认可的联络员证书也成了业内的"抢手货"。近两年来，省、市各部门出台的有关政策委托西安科技大市场来受理和落实，西安高新区每年高达6个亿的奖补资金也全权委托西安科技大市场进行申报评审。政策的红利离企业越来越近，企业的创新动力越来越足。

### （四）将科技服务精细化进行到底

一是将科技服务送上门。2015年8月，西安科技大市场首个工作站正式落户高新区电子工业园，标志着西安科技大市场为企业提供"零"距离服务的开始。通过设立工作站将服务送到企业"门口",就是为了深入企业,帮助企业解决发展过程中遇到的难题,满足企业实现跨越式发展的科技需求,也为了让更多企业能够认识科技大市场,享受大市场带来的便捷服务。

二是会员享受服务有惊喜。优秀的科技企业、高等院校、科研院所、军工单位、科技中介、行业协会、产业联盟、工程中心、检测中心及个人等都可申请成为大市场的加盟会员,不仅可以无偿参加科技大市场的各类培训交流活动,还可以申请在科技大市场举办专场活动;不仅可以免费申请使用远程视频系统,还可以提供免费的视频直播系统;大市场网络平台以及服务大厅的液晶显示屏和展板等都可以成为企业对外宣传的优质免费渠道。在享受优惠政策方面,科技大市场对加盟会员开放绝对的优先申请权利,让会员能够在第一时间抢占市场先机,助企业成长一臂之力。此外,加盟会员还可以享受驻场服务机构有偿服务市场价格的优惠,最高可节省3万元的业务办理费用。而有偿服务项目包括商标注册和认定、市场调研、验资、会计咨询、法律咨询和管理咨询等,日后还会增加金融类有偿优惠服务产品。

三是服务"大餐"品种繁多。每周三的政策培训会、每周五的企业产品视频发布会,以及每个月的科技大集市等,已成为科技大市场的固定精品服务栏目。一站式服务大厅通过整合市科技局和高新区管委会相关部门的服务功能,包括科技计划申报、技术贸易许可证办理、创业基金申请、高新技术企业申报、补贴奖励申报等,又通过调动相关支撑服务资源,如创业研发园、生产力促进中心、科技交流中心、技术产权教育中心以及投融资、管理、财税等科技中介机构组织,构建了技术交易、仪器共享、人才创业、科技政策、企业融资、知识产权、综合服务、合作交流等,囊括了 11 类 103 项服务内容，形成场内、场外服务资源的协同互动。为实现服务精细化，科技大市场还不断探索新的利益机制，集合各高校、科研院所和军工单位自用的科技文献、科学数据、大型仪器、检测平台、通用设备等科技设施，向企业和其他科研单位开放，实现信息共享、资源共用、利益共得，使科技设施发挥出最大的效益，让企业及时了解到大市场提供的各项服务。

四是以企业需求为服务导向。市场和企业需要什么样的服务，科技大市场就统筹和提供什么样的服务。科技大市场相关人员经常深入企业，在宣传大市场的服务功能的同时，也及时了解企业所需，并提供相应的对口服务。例如科技大市场将与西安恒飞电子科技有限公司联手打造区域电源产业联盟，组建以企业为主体的工程技术研发中心及技术成果转化平台，而大市场则在人才、资金、政策等方面给予大力支持。又例如通过科技大市场现有的交易平台、信息共享平台和服务平台，为庆安公司解决关键技术难题，在满足企业新技术人才的引进、高尖技术与现有产品结合等技术需求的同时，企业作为资源提供方，也有很多能够为社会所用的高端技术和仪器设备通过资源共享平台找到了社会用户。也正因如此独特的"贴心"服务，西安科技大市场越来越受到企业的青睐，省内外前来取经者络绎不绝。为深入服务园区企业，延伸服务半径，科技大市场还计划从今年开始探索构建覆盖全市、乃至全省的服务网络，与全市"五区一港两基地"探索分市场服务模式，与各产业园区探索工作站服务模式。

## 六、走出陕西的"科技大市场"

西安科技大市场作为西安科技服务业的代言人，还制订了科技服务业的相关标准，初步实现了标准化服务推广，始终站在行业发展的前沿和制高点。

经过 8 年的发展，西安科技大市场已成为全国小有名气的"创新明星"，国家科技部、火炬中心等主管单位把大市场作为典型案例推送给全国各省市，"科技大市场"如雨后春笋般在全国各地涌现。随着兄弟省市单位合作需求不断提高，西安科技大市场从 2015 年底开始迈出跨区域合作第一步，将河南济源市作为第一个域外合作城市；2017 年 4 月，科技大市场组织晋陕豫 3 省，西安、洛阳、运城、济源、焦作、三门峡 6 市，签署跨区域科技大市场创新合作协议。随后，科技大市场以西安为原点，与洛阳、三门峡、运城、宁波、温州等城市都拉通了合作网络，与苏州市、广东省、杭州市等地的跨区域的产学研交流活动密集开展，成果颇丰。目前，西安科技大市场先后与近 20 个城市在服务体系建设、资源共享、人才培养、知识产权运营、技术转移等方面开展了多种形式的务实合作。

济源科技大市场于 2016 年 2 月建设运营，当年就取得显著成效，全市技术交易额首次突破 3000 万元，由上一年全省最后一名跃居全省第 8 名，年度增幅位居全省第 4，被评为"省级技术转移示范机构""省级技术合同登记优秀单位"。截至 2018 年 11 月底，济源科技大市场已促进全市技术交易额突破 4532.39 万元，为企业办理技术合同免税 16 件，累计吸纳共享大型仪器设备 1191 台套，促进各类检测共享服务累计超过 270 次。

运城科技大市场自 2017 年 3 月建设运营以来，平台及服务体系已快速搭建并进入常态化运营服务。截至目前，挂牌发布技术项目 417 项，技术需求 101 项；技术合同登记 59 份，完成技术交易合同额 5.26 亿元；累计吸纳仪器设备 285 台，对接共享服务需求11项。同时，组织北京理工大学、西安交通大学、天津科技大学等5所高校与两地30余家企业进行技术项目对接超过16场次，对接项目50余项。

西安科技大市场自运行以来一直围绕"交易、共享、服务、交流"四大功能定位，坚持"市场大家建、资源大家用"的开放性建设理念，积极探索市场化运营机制，在科技资源平台建设运营、技术转移产业链和创新服务体系构建以及科技服务业生态环境培育等方面取得了明显成效，成为关中、天水经济区最活跃的产学研合作交流平台和具有全国影响力的科技创新云服务平台。

8年多的探索实践，科技大市场已形成具有"西安特色"的市场化、专业化、网络化的科技创新综合服务体系。未来，基于科技创新云平台，将以科技成果转移转化、科技资源共享网络、科技服务标准化体系为重点，持续构建并完善科技创新创业生态系统，致力于发展成为具有国际影响力的科技资源集聚中心、科技创新交流中心和科技成果交易中心，为国家创新体系建设和区域经济发展提供重要支撑。

经过8年的发展，西安科技大市场已成为科技创新服务"最典型和最有力"的成功案例，西安市科技局仍致力于把大市场打造成为科技人员的"娘家"，西安高新区把科技大市场作为自贸区、自创区建设的亮点"加分项"，科技大市场的工作人员也先后走出了西安和陕西，开始走进祖国的大江南北，开启了西安特色的科技服务创业征程。在这条创新创业的奋斗路上，这支队伍将会越来越庞大，而具有西安特色的科技大市场将愈加弥足珍贵。

## 七、启　示

启示一：要组建高效运作的管理机制。由政府牵头，成立包括政府、科研机构、企业、银行及其他社会参与方共同组成的科技大市场管理层，设立监督机构，市场高级管理运营人员采取经理人制度，保证科技大市场的市场化运营。同时，要建立层级明确、构成合理、分工协作的平台运行机制。以项目为纽带，带动平台良性发展。

**启示二：要充分利用平台优势，加强信息功能利用**。要进一步完善信息发布、业务开展、资源共享等功能，做好宣传推广，形成良好的发展机制，保证信息的准确、完整和更新及时；网站的浏览和操作要足够人性化，能够让登录者顺利完成所需工作；平台功能必须完善，除必要的信息查询外，能够便捷地办理申请、备案、登记、预约等事项。同时，应注意信息平台拥有大量的科技成果资源、技术专家个人信息和企业商业信息，有可能会涉及保密方面的信息，平台运行过程中必须要确保这些信息的安全性，防止资源外泄。应加强网络安全建设，积极运用加密技术、访问权限技术和身份认证技术等多种网络技术，限制访问者的访问范围，确保合法用户的正常访问，从而保证信息平台数据库的安全运行。

**启示三：要重视平台人才培训、引进机制**。科技大市场的市场化运营，离不开两支队伍，一支是科技型管理人才队伍，一支是科技型服务人才队伍。科技大市场要在管理人才的培养和引进上下工夫。同样，科技成果的转化和推广离不开一批善于将科学理论转化为实用技术、将科技成果转化为现实生产力的复合型人才。要保证科技大市场服务的质量，必须培养一批能够深刻理解科技政策、明确成果评定标准、熟知成果转化服务内容、充分把握市场需求的科技型市场管理人才，保证科技大市场的良好运行。同时也要大力引进和培养既懂科技又懂运营管理的技术经纪人队伍，造就一批科技成果推广领域的企业家队伍。

**启示四：要运用互联网的思维模式创新服务意识。** 要以互联网科技大市场手段，扩展科技成果转化主体在市场上获得科技资源的权重。可以总结、完善西安及其他城市的做法，将政府相关部门科技资金等资源聚集起来，建立全国性、区域性、行业性的互联网科技大市场，采取政府引导、市场主导、公司运营、社会参与的方式，使之具备交易、共享、服务和交流等"四位一体"功能。

## 点 评

西安科技大市场立足于西安丰富的科技创新资源，深挖人才、成果、设备、项目、资金、标准、军民融合等创新要素的内在联系和独特规律，并通过建立以市场为核心的资源配置的创新系统，整合了来自高等院校、研究院所、军工企业等优势科技资源，搭建了与企业沟通的桥梁，促进了科技要素的有效流动，为高新区乃至西安市发挥科研成果在推动现代产业体系构建，加快社会经济发展方面积累了大量实践经验。

## 思考题

1. 请以西安科技大市场为例，分析区域科技大市场的建立需要具备哪些条件？

2. 地方政府在本地区科技大市场建设过程中应当在哪些方面发挥重要作用？

3. 怎样才能更好地发挥科技大市场在促进区域经济社会发展中的作用？

# 中国农业科技示范推广的金字招牌
## ——杨凌示范区农业示范推广之路

### 序言：科技创新助推农业示范之道

面向旱区开展农业科技示范推广工作，带动干旱半干旱地区现代农业发展，是党中央、国务院赋予杨凌示范区的历史使命。国务院《关于支持继续办好杨凌农业高新技术产业示范区若干政策的批复》（国函〔2010〕2号）明确指出，"杨凌要成为干旱半干旱地区现代农业科技创新的重要中心、农村科技创业推广服务的重要载体、现代农业产业化示范的重要基地、国际农业科技合作的重要平台、支撑和引领干旱半干旱地区现代农业发展的重要力量"。杨凌示范区自成立以来，在党中央、国务院的亲切关怀下，在各共建部委和陕西省人民政府的大力支持下，认真贯彻落实党中央、国务院决策部署，紧紧围绕我国干旱半干旱地区现代农业发展的需求，充分发挥农科教资源优势，积极推进科教体制改革，按照"核心示范—周边带动—广泛辐射"的总体格局，坚持政府积极推动，大学科技依托，多方共同参与，多种模式推广，服务旱区农业，在构建信息化、社会化、多元化农业科技服务体系，推动农科教、产学研密切结合等方面进行了积极探索，取得了明显成效。

## 一、背　景

杨凌位于陕西关中平原中部，东距省会西安市82公里，西距宝鸡市86公里。陇海铁路、连霍高速、西宝高铁、西宝中线，穿城而过；渭河、韦河、漆水河流经境内。交通方便，土地肥沃，地势平坦。杨凌，因隋文帝杨坚的陵墓——隋泰陵在其境内而得名（杨凌，原名杨陵，1997年示范区成立时，改称"杨凌"）。杨凌原属于武功县管辖，是武功县西边的一个小镇，它和武功一起，古称"邰"，是周朝祖先后稷的封地；4000多年前，周朝祖先后稷就在这里教民稼穑，使这里成为中国农业的发祥地，至今保存着不少农业文明的遗迹。

杨凌因"西农"而兴。1934年，辛亥革命元老于右任先生等人，在这里建立了中国西北地区第一所农业高等专科学校——国立西北农林专科学校，即现在西北农林科技大学的前身。此后的几十年间，特别是新中国成立后，国家和陕西省在这里又陆续布局建设了一批农林水方面的科教单位；到1997年示范区成立时，这里共有10家农业科教单位，包括2所大学、5个研究院所、3所中专学校，在不足4平方公里的地方，聚集了农林水等70个学科近5000名科教人员，被誉为中国"农科城"。

1997年3月25日，国务院关于《研究陕西杨陵农科教基地建设有关问题的会议纪要》（国阅〔1997〕43号），同意设立"杨陵农业高新技术产业示范区"，确定示范区的面积为20平方公里左右。经省政府会议研究，为便于招商引资，扩大国际合作，决定将示范区名称中的"陵"字更改为"凌"字，赋予示范区名称"壮志凌云""奋发腾飞"之意。在1997年4月3日陕西省委、省政府举行的"国家杨凌农业高新技术产业示范区建设新闻发布会"及其后的相关宣传材料和宣传活动中，示范区名称一律按此规范。由于同音，口语并没有变化。书面用字和意义变得更为积极进取，后终得国务院有关部门批准，"杨陵示范区"正式改为"杨凌示范区"。

1997年6月18日，陕西省委、省政府决定，成立杨凌农业高新技术产业示范区管委会，为正厅级事业单位，省政府直属派出机构，具有地市级行政管理权和省级经济管理权，全面领导示范区的工作。7月13日，国务院《关于建立杨凌农业高新技术产业示范区及其实施方案的批复》（国函〔1997〕66号），同意陕西省政府提出的杨凌示范区建设目的、指导思想、功能区划及主要任务目标，将杨凌示范区纳入国家高新技术产业开发区序列。杨凌示范区建设坚持省部共建、以省为主的原则。7月25日，杨凌农业高新技术产业示范区建设领导小组成立。7月29日，杨凌农业高新技术产业示范区成立大会在杨凌原农业科研中心科学会堂隆重举行。农业示范区的成立，为杨凌带来了生机和希望。从此，杨凌的发展翻开了新的一页，步入了建设发展的快车道。

1998年2月9日，陕西省政府正式批复，原则同意杨凌示范区总体规划。示范区规划面积22.12平方公里，由农业科学园区、农业高新技术产业园区、农业中试园区、农业综合园区、现代农业及乡村建设示范园区、农业观光及休闲带、生活服务园区等功能区组成。2月26日，陕西省委、省政府批准《中共陕西省杨凌农业高新技术产业示范区工作委员会、杨凌农业高新技术产业示范区管理委员会"三定"方案》，确定杨凌示范区党工委和管委会分别为陕西省委、省政府派出机构，正厅级建制，两者合署办公。示范区党工委根据省委授权，领导示范区党的工作和中共杨陵区委工作；示范区管委会根据省政府授权，领导示范区和杨陵区人民政府的工作。

1999 年前，由于原西北农业大学、西北林学院、中国科学院水利部水土保持研究所、水利部西北水利科学研究所、陕西省农业科学院、陕西省林业科学院、陕西省中国科学院西北植物研究所、陕西省水利学校、陕西省农业学校、陕西省林业学校 10 所科教单位分属部、省近十家单位多头管理，导致资源分散、重复建设，不能形成合力。1999 年，经国务院批准，将原隶属农业部、水利部、国家林业局、中科院和陕西省在杨凌的 10 多家科研教学单位进行实质性合并，组建了西北农林科技大学和杨凌职业技术学院。两所学校的合并组建，实现了科研资源和教育资源的实质性整合，使西北农林科技大学成为我国第一所产学研紧密结合的新型大学。这两所高校的学科涵盖理、工、经、管、文、法等门类，拥有博士授予点 58 个、硕士授予点 78 个，农业科教人员 4000 多名，在新中国成立后产生了 6 位院士，每年可培养博、硕士研究生 2000 多人，本专科毕业生 10000 多人，累计培养出 10 万多名农业科教人才。拥有国家和省部级实验室、研究中心 26 个，每年可取得农业科研成果 50 多项，累计培育 5000 多项科技成果，产生的经济效益超过 2500 亿元。

## 二、科技创新助推试验示范

近年来，杨凌示范区认真贯彻国务院《批复》精神，立足在更高层次上发挥示范区作用，深入实施创新驱动发展战略，加快世界知名农业科技创新示范区建设，科技创新和示范带动能力持续提升。现代农业科技创新始终是引领杨凌示范区发展的"主引擎"，中国农科城就是杨凌示范区的"代名词"。杨凌示范区为加快推进农业科技协同创新，全面建设科技创新平台，以创新驱动战略引领农业科技实现新突破，陆续出台了《杨凌示范区建设世界知名农业科技创新城市的意见》《支持西北农林科技大学发展建设的若干意见》，推动校区进一步融合发展。示范区获批科技部首批现代农业科技服务业区域试点。

## （一）全面增强集聚创新能力

建立集聚创新机制，以统筹科技资源改革示范基地为依托，建立开放的科技资源共享平台。充分发挥杨凌现代农业示范园区、现代农业低碳产业园、科教产业园等专业园区的承载功能，吸引一批中、省科研单位入区发展。大力支持陕西省农林科学院、省杂交油菜中心、省苗木繁育中心等机构发挥集聚创新作用。鼓励西北农林科技大学、杨凌职业技术学院的科研人员依托有关专业网区开展农业科研，进行技术集成与示范。加强同干旱半干旱地区农业院校、农业科学院的多边合作，建立现代农业产业技术联盟，开展联合攻关和农业新品种、新技术的示范推广。加快科教产业园建设，鼓励有关职业教育院校入区发展，建成杨凌职业教育集团，建设现代农业职业技术教育改革试验区。加强国际科技合作，依托海外高层次人才创新创业基地，以杨凌现代农业国际研究院为平台，实施国际科技合作项目，引进国际知名科研机构在杨凌设立分支机构，吸引国际高层次科技人才在杨凌创新创业，集聚先进科技成果在杨凌示范、转化、推广。实施杨凌示范区集聚创新优惠政策、鼓励引进高层次人才创新创业优惠政策，在资金、项目、土地等方面，支持科研院校、企业在杨凌设立研发机构、试验示范基地，5年内集聚国内外涉农科研机构20个。

### (二) 不断提升高校和科研院所创新能力

以建设"世界一流农业大学"为目标,支持西北农林科技大学围绕干旱半干旱地区农业发展重大问题,在动植物良种培育、节水农业、水土保持、循环经济等重要领域开展科技创新。利用省部共建渠道,积极申报国家重大项目,开展科技攻关、技术集成与示范。支持西北农林科技大学建立旱区农业逆境生物学国家重点实验室、现代节水农业国家重点实验室,建立生物生境模拟系统平台、国家农产品加工与食品安全工程技术研发中心、国家生物农药工程技术研发中心,以现代农业示范园区为载体,鼓励科教人员开展科学研究和示范。充分发挥杨凌职业技术学院作用,加强农业实用技术人才培养。建设农业科技和现代农业经营与管理人才培训基地,为干旱半干旱地区农业生产一线输送有技术、懂经营、会管理的实用人才。

### (三) 大力支持企业创新能力建设

设立专项经费,鼓励和支持企业建立技术研发中心,鼓励企业与高校、科研机构共建各类创新型组织,开展现代农业关键共性技术研发。创新体制机制,形成以企业为主体,高校和科研机构共同参与的研发格局。开展职务科技成果股权和分红权激励试点,提高个人股权和分红比例。推动农科教、产学研紧密结合,支持农业龙头企业申报农业科技成果转化资金、创新基金。鼓励高校、科研机构设立面向企业优秀创新人才的客座研究员岗位,选聘企业高级专家担任兼职教授或研究员。建立高校、科研机构的实验室和科研设施向企业开放的机制。支持企业为高校和科研机构建立学生实习、实训基地。通过财政直接投入、补助、贷款贴息、税收优惠等多种方式，鼓励企业加大研发投入，建立研发机构，开展技术创新和对引进技术的消化吸收再创新。在示范区科技经费中设立国家项目配套资金，对企业承担的国家科技计划项目按比例给予配套资金资助。实施创新型企业示范工程，组织认定一批创新型示范企业，对创新型示范企业的研究开发由示范区科技经费给予资金支持。实施"企业知识产权托管工程"，保护企业知识产权。同时，对于企业的专利申报给予补贴。

### （四）加快成果转化与技术交易服务平台建设

争取中国技术交易所在杨凌设立西北分所，引进专利商标等服务机构，发挥好中国杨凌农业知识产权信息中心、示范区生产力促进中心、杨凌农高会农业技术成果交易与信息发布会等载体的作用，促进技术成果交易。办好中国农业科技创新创业大赛，支持创投资金与创业项目、创业团队对接。在西北农林科技大学设立科技特派员农村科技创业促进中心，鼓励科技人员创办企业，进行技术转化和推广。

### （五）加强人才队伍建设

认真贯彻落实《国家中长期人才发展规划纲要（2010—2020年）》，大力开展人才队伍建设。围绕干旱半干旱地区现代农业发展关键领域，针对国家重大人才工程，依托海外高层次创新创业基地，培养造就一批站在国际农业科技前沿的领军人物，大力提升示范区集聚创新能力。根据干旱半干旱地区农业优势产业发展需求，在育种学、生物学、作物学、园艺学、植物保护、畜牧学、兽医学、土壤学、水利工程、食品科学与工程等学科及专业领域引进30名领军人才。按照人才、学科、平台、项目相衔接的原则，注重新兴学科的形成和发展,优先在国家和省部级重点学科、重点科研基地和重点项目的人员中培养引进青年科研骨干600余名。对于培养和引进的人才,在创办领办企业、项目申报、科研经费配套、安家费等方面给予支持。

## 三、试验示范,铸就中国农业的"杨凌榜样"

长期以来,我国农业科技一直存在着条块分割、资源分散、低水平重复、协作不力等问题,科技与产业之间缺乏有效的连接机制,导致许多科研成果没有得到有效转化,产业发展中的关键问题不能得到及时解决。在供给侧结构性改革不断发力的当下,杨凌示范区先行一步,围绕产业需求配置科技资源,建立起农业科技示范推广基地体系,有效地推动了我国干旱半干旱地区农业发展。

### (一)积极探索实施大学推广模式

在科技部、农业部、财政部等部委支持下,从2004年开始,杨凌示范区和西北农林科技大学在借鉴国外农业科技推广经验的基础上,结合我国农业发展实际,首次提出和实施"政府推动下,以大学为依托、基层农技力量为骨干"的大学推广模式。在有关省区,建立了23个永久性试验示范站、37个专家大院和一批科技示范基地。这些试验站(基地)功能实现了教学、科研、推广"三位一体",多学科、多专业、多层次人才联动,科技成果与地方产业有效对接,建立了"大学+试验站+示范户+农户"科技进村入户的快捷通道。800多名专家常年依托试验示范基地,在农业生产一线开展科技服务,累计推广新品种、新技术400多项,培养了一大批农业技术骨干和新型农民，有效解决了农业科技转化"最后一公里"的问题，带动了产业升级，促进了农民增收。

西北农林科技大学建设的白水苹果试验示范站采取"1+4+4"的传帮带模式（即1名大学专家、4名县级农技骨干与4名乡镇级农技骨干共同组成推广团队）和"7+7"（即7个示范乡镇、7个辐射带动乡镇）示范模式，在全县示范推广了间伐、改形、病虫防治、水肥调控等8项果树管理关键技术，促进了白水苹果产业的快速发展，当地苹果产业产值由建站前的5.25亿元增加到2011年的15.5亿元，优果率由35%提高到80%以上。当地果农向西北农林科技大学赠送"立学强农、泽被果乡"的牌匾表示感谢。山阳核桃试验示范站推广的高接换头等多项技术，核桃嫁接成活率由10%左右提高到94%，带动核桃种植面积由原来的20万亩发展到39万亩，核桃产业产值由3800万元增长到1.2亿元。清涧县红枣试验示范站推广的微灌节水、防裂果等技术，有效解决了山地红枣难成林、产量低、质量差等问题；红枣亩产由150公斤提高到1320公斤，效益增加了近10倍；该县红枣产值由建站前的4.5亿元增加到去年的15亿元，实现了山地退耕还林与农业产业发展的统一。青海乐都试验示范站立足高原，开展新品种引进筛选、推广种苗繁育、长辣椒和紫皮大蒜提纯复壮等技术，建成连栋智能温室3座和高标准日光温室50栋，工厂化繁育增产达到15%以上，推广的蔬菜种苗带动了西宁、海东及玉树的4200户蔬菜种植户净增收600万元，户均增收1200元以上。

**（二）积极推动产业链推广**

近年来，杨凌示范区积极探索推动以企业为主体的产业链推广模式，以企业为主体，产业为纽带，市场为导向；随着产业链的延伸，布局建设标准化生产示范基地，推广新品种、新技术，实现产业扩张与技术扩散同步推进。全区发展产业链推广企业28家，在我国5个省区建成科技示范推广基地52个，示范推广面积1810万亩，推广效益达到30.1亿元，涉农企业已经成为示范区开展示范推广工作的重要力量。

杨凌本香集团立足杨凌，辐射全省，建立了"饲料生产—种猪繁育—商品猪养殖—猪肉深加工—肉食品连锁专卖—有机肥生产"的安全猪肉产业链，在凤县、洛川等地建设了无公害养殖和生产基地，推广优良种猪和无公害生产技术，年产值5.6亿元，带动群众增收7000万元以上。大唐种业、杨凌伟隆、金诺种业、杨凌荣华等一批种业企业依靠农业科技专家，按照"产学研结合、育繁推一体"的模式在新疆、甘肃、河南、安徽、内蒙古等省区建立了良种繁育基地，推广新品种27个，面积800多万亩。

### （三）大力推动科技特派员农村科技创业行动

在科技部、农业部等部委支持下，依托杨凌示范区科技特派员农村科技创业试点工作办公室，开展面向旱区的科技特派员农村科技创业行动，出台了《杨凌示范区科技特派员农村科技创业试点工作实施意见》以及杨凌示范区技术创业实施意见和优惠政策，建立了创业服务、企业孵化、金融支撑的技术创业工作体系，鼓励科技人员、大学毕业生、归国留学人员等创办、领办企业，促进了科技、资金、人才、信息、管理等生产要素向农业领域聚集，全区认定个人科技特派员918名，发展法人科技特派员34家，命名科技特派员创业（实训）基地23个，创建科技特派员创业链4条。招引技术创业团队164个，这些创业团队已成为示范区创新驱动、内生发展的新亮点，成为科技成果转化和示范推广的生力军。

陕西九立机器人制造有限公司以远程遥控智能专用机器设备的自主研发与专业设计制造为基础，从事机械设备研发、加工、生产和销售，主攻机器人的研发和生产制作。开发出履带机器人底盘、管道机器人、侦察机器人、六足机器人等系列产品，在我国民用机器人研发制造领域处于领先水平。陕西威特动力机械有限责任公司针对经济作物种植先后研制出动力喷雾机组、便携式喷灌机、多功能果树修剪机、果树锯割机、便携式挖坑机等系列产品，均具备高效节能、轻巧便携、单机多功能等特点，使农户作业工效提高了5倍。

杨凌华逸科技发展有限公司以西北农林科技大学雄厚的科研实力为依托，开发出针对葡萄、猕猴桃的绑枝卡、绑枝机、猕猴桃采粉器、猕猴桃授粉器和沾果器等产品，提高近3倍生产效率，受到了广大果农的欢迎。

杨凌金薯种业农业科技公司，在杨凌现代农业园区企业孵化园建成50亩产业基地，培育出高淀粉型、食用型、加工型、食饲兼用型、菜用型等专用红薯品种，紫薯、红心薯、黄心薯、花心薯等彩色甘薯系列品种，无土栽培、雾化栽培、空中结薯，精品微型"迷你薯"生产等新技术，被国家甘薯产业技术体系首席专家马代夫称为"中国最好甘薯育苗基地"。目前，该公司已在陕西、内蒙古、黑龙江建设种薯基地30多个，年推广面积100万亩，推广效益超过2亿元。

### （四）全面实施农业科技培训工程

近年以来，杨凌示范区按照"整合培训资源，围绕主导产业，培训职业农民，发展现代农业"的思路，"走出去"和"请进来"相结合，立足杨凌、面向旱区，大力开展现代农业科技培训。成立了杨凌职业农民培训管理中心，出台了《关于加快旱区新型职业农民培训进一步扩大示范推广效应的若干意见》，编制了《杨凌职业农民培训发展规划》，制定了《职业农民培训工作流程》《职业农民培训工作规范》。据统计，以杨凌为基地对全省乡村干部进行轮训，同时依托各类农业科技培训基地，面向西部培训农村基层干部、农技人员、大学生村官、合作社负责人和职业农民，累计超过23万人次。探索建立了全国独有的农民技术职称评审标准体系，北方12个省（区）5个地市104个县的5900多人获得了杨凌示范区农民技术职称证书，成为活跃在田间地头的"永久牌"土专家、科技二传手。

杨凌农夫果业专业合作社承担着示范区果业技术培训任务。面向全省农民专业合作组织开展果树管理培训，培训农户达5万人次，合作社理事长及骨干培训3000人次。组织外出学习1500场次，13000人次。西北农林科技大学成教学院长期承担基层管理干部、科技骨干等培训任务，每年培训人数8000多名，累计培训人数超过10万人次。

按照"培训一个，带动一片"的思路，杨凌示范区通过农业科技培训在旱区打造了一支"留得住、用得上、永久牌"的科技土专家队伍。目前，杨凌共有490多名本土农民技术员常年活跃在旱区农业的田间地头，开展农业科技服务。

苹果种植示范户曹解虎通过培训，学习掌握了果树管理技术，带领170多户群众成立"白水县仙果协会"，带动4个乡镇24个村1000多户果农科技务果，会员人均收入超过1.5万元，并受邀到哈佛大学介绍科技增收致富的经验；农民技术员李栓苏在杨凌指导了3家合作社、130座农业大棚的农业生产，被多家企事业单位聘为设施蔬菜专业技术员。农民技术员徐绒利带领30多名经过培训的妇女组建了"杨凌女子嫁接服务队",长期在新疆、甘肃、山西及陕西省开展果树嫁接服务,年人均科技服务收入超过2万元。

### (五)不断拓展媒体推广

示范区成立以来,借助现代媒体传播手段,高效快速推广农业新技术。先后创办了《农业科技报》,开通了"农林卫视"频道和农林卫视网,建立了陕西(杨凌)农业科技服务网和远程农业科技服务平台。农林卫视是全国唯一的农科频道,围绕"三农"开设了8档品牌栏目,覆盖全国大部分地区,影响力不断扩大。《农业科技报》面向全国发行,每期发行量达23.6万份,全年发行量达2454万份,成为农民欢迎、基层认可的农业科技推广手段。杨凌远程农业科技服务平台集视频音频交互、远程控制、信息共享等功能于一体,初步实现了杨凌与山东、北京等15个省区46个基地的互联互通,做到了"专家不出门、技术送田间"。

### (六)不断提升展会推广水平

农业科技展会是农业科技示范推广的重要载体,近年来,杨凌示范区以杨凌农高会等农业科技展会为平台,开展农业科技的展示、交易、推广,促进科技成果的转化。杨凌农高会创办于1994年,已连续成功举办26届。26年来,杨凌农高会始终秉承"服务三农"的办会宗旨,在运行机制、办会形式和展示内涵等方面不断创新,国际化、市场化、专业化水平不断提升,影响力日益扩大,已成为我国农业科技示范推广的重要平台和国际农业科技合作的重要窗口,在展示农业发展新成就、促进农业科技成果转化、引导广大农民致富、推进农业开放交流合作等方面,发挥着越来越大的作用。

### （七）不断增强核心示范能力

从 2008 年开始，杨凌示范区按照"现代农业看杨凌"的要求，坚持"高标准规划、高科技支撑、高质量建设、高效益展示"的思路，采取"政府创造发展环境，科研机构提供技术，企业投资涉农项目、农民建设产业基地"的办法，在杨凌城市规划区以外的 100 平方公里农业农村用地上，规划建设了杨凌现代农业示范园区，按照现代农业全链条发展模式，布局建成了现代农业创新园、国际科技合作园、现代农业企业孵化园、种苗产业园、标准化生产示范园、科技探索园、农产品加工园和物流园 8 个园区，集聚展示国内外农业科技新成果、新技术、新品种和现代农业发展的新模式。经过多年发展，现代农业示范园区核心示范能力不断增强。先后有以色列、加拿大、荷兰等 8 家国际著名的种业企业，陕西省杂交油菜研究中心、果树苗木繁育中心、宁夏林研所、华大基因等 20 多家国内知名企业和研发机构入驻园区，引进新品种、新技术 7000 多个。有来自加拿大、美国、日本等多个国家和国内 4700 多个团（组）10 万余人考察交流。

杨凌示范区还积极探索现代农业生产经营模式。通过成立土地银行，开展土地流转，解决规模化、集约化经营问题。目前，示范区组建土地银行 37 家，流转土地 4.2 万亩，流转率达到 46%。积极推进农村金融改革试点，成立了全国首家农村商业银行，推行活体抵押等贷款业务，有效解决了农业发展资金不足的问题。探索现代农业组织方式，推动农村专业合作组织规范运行，全区发展专业合作社 311 家，形成了由合作社带动农户统一采购农资、选种、指导生产和联系销售的机制。建成了现代农业产业标准化研究推广服务中心和检测检验中心，制定并在全区实施了 18 项农业标准。

## 四、启　示

自成立以来，在省委省政府的坚强领导下，在各共建部委的大力支持下，杨凌示范区以履行国家使命为己任，不忘初心，奋力拼搏，依靠科技创新和示范推广种活了这片国家"试验田"，走出了一条具有中国特色的农业示范推广道路，为干旱半干旱地区现代农业发展提供了重要的科技支撑，同时也为示范区今后更长一个时期的发展奠定了坚实基础。总结示范区砥砺奋进的经验和启示，对于示范区在追赶超越中继续履行好国家使命具有十分重要的意义。

**启示一：解放思想与务实重干的融会贯通**。谋发展，既要有解放思想的闯劲，也要有务实重干的拼劲。杨凌示范区的设立本身就是解放思想、改革创新的产物，而建设示范区更是一项全新的开创性事业，没有现成的经验可资借鉴。20 多年来，杨凌示范区坚决对标中央要求、落实省委部署，努力破除思想藩篱、纠正认识误区、克服精神疲怠，不断明晰发展思路，汇集发展力量，在真抓实干中解放思想，不断为示范区的发展注入新的动力。

**启示二：科技创新与体制创新的双轮驱动**。通过农科教体制改革激发创新活力，是示范区发展的重要经验。近年来，示范区实施了与两所大学"区校一体、融合发展"战略，与 246 家国家农业科技园区和全国 39 所高校新农村发展研究院建立协同创新"两个联盟"，同武汉大学、中国农业大学等高校组建了协同创新机构，形成了区内外协同创新机制。通过不断整合农业科技创新要素，促进产学研结合，进一步提升现代农业示范水平，使科研成果、先进技术、生产模式等不断向广大干旱半干旱地区传播，真正发挥出支撑和引领干旱半干旱地区现代农业发展的作用，杨凌影响力不断扩大，品牌效应日益凸显。此外，杨凌示范园区在建设进程中，打破了传统的小农经营方式，创新了土地流转模式，组建了土地银行，充分挖掘和利用了土地资源，实现了农业的规模经营，提高了农业生产效率，增加了农民收入；积极开展金融改革创新试点，推进农村金融制度创新、产品创新和服务创新；把现代企业管理机制引入园区建设之中，实现了各类农业资源和市场的有效对接。

**启示三：地方努力与部委支持的紧密结合**。杨凌的成功还得益于一个良好的体制，就是"省部共建"和"省内共建"的体制。高层次的共建领导小组，为示范区的发展提供了组织保障。用杨凌人的话说，"共建"就是"贡献"，一是政策倾斜；二是项目倾斜；三是信息引导。长期以来，各共建部委从政策试点、项目布局、资金投入等方面给予示范区倾斜和支持，各共建部委领导多次莅临调研指导，积极帮助解决困难和问题，为示范区发展提供了有力支持。陕西把办好示范区作为履行国家使命的重要内容，37家共建厅局也创造条件为示范区发展搞好服务，共同推动杨凌示范区建设发展取得新成效。

**启示四：资源重组和优势集成的杨凌模式**。杨凌示范区的建立是资源重组和优势集成的最佳体现，它打破了长期以来计划体制下农业科研、教育自成体系的局面，因地制宜地建立起适应市场竞争的科教一体化新模式——杨凌模式，是我国当前农业科技体制改革的一项成功创举。它紧紧地抓住了适应市场这一环节，将长期"鸡犬之声相闻，老死不相往来"的多个科研教学单位进行合并组建成西北农林科技大学和杨凌职业技术学院，在不断提升知识与技术创新能力的基础上，将资源重组的整体优势有效地发挥出来。"杨凌模式"的成功实践，很大程度上表明，农业科研单位和院校二者成功的结合优势明显：有利于面向市场，发挥其规模效应；有利于科技创新，集中人、财、物打"集团攻坚战"；有利于"三农"结合，农业科技、教育、推广一体化。

**启示五：对内示范与对外开放的协同推进。** 积极探索完善多元化推广和国际农业科技交流合作新模式，是国家赋予杨凌的一项重要使命。20多年来，杨凌探索出了大学推广、产业链推广、科技特派员推广、农民科技培训推广、媒体推广、农业展会推广6种模式构成的多元化、信息化、社会化农业科技示范推广服务新体系，形成了"核心示范、周边带动、广泛辐射"的示范推广新格局。"杨凌农科"品牌价值测评已经达到661.9亿元，居全国区域品牌第2名，影响力正在不断彰显。国家"一带一路"建设实施以来，杨凌示范区以加快建设杨凌丝绸之路经济带现代农业国际合作中心为抓手，依托农高会国际合作周、现代农业高端论坛、国际农业科技论坛等平台，着力推进对外投资和技术合作，先后与60多个国家和地区建立了合作关系，在农业国际合作方面初步形成了多种类、多层次的对外开放格局，向世界农业传递出了更多的"杨凌声音"。

## 点 评

　　杨凌示范区建设20多年来,蹚出了一条干旱半干旱农业发展之路。杨凌的品牌不仅在国内有影响,在国际上也有很高的知名度,尤其对"一带一路"沿线国家和地区的农业发展发挥了很大的作用。杨凌示范区通过不断加大改革创新力度,紧盯现代农业发展面临的新情况、新问题,大胆创新,积极推进,打造了中国农业推广的金字招牌,探索形成了一批市场主体受益面广,实操性、参考性强,并具有系统集成性特点的经验和做法,为推动我国现代农业发展探索了道路,积累了经验。杨凌示范区这块国家"试验田"、农业农村创新改革的"先行者",经过20多年的先行实践,已经为近年来陆续成立的国家农业高新技术产业示范区提供了宝贵的杨凌经验,为我国农业实现创新、可持续发展不断注入新动能。

## 思考题

　　1. 以杨凌示范区为例,请思考高新科技园区应如何发挥示范引领作用?

　　2. 杨凌示范区打造的中国农业科技示范推广的金字招牌,对于新成立的农业高新技术产业示范区的发展有什么启示?

## 全省干部专业化能力培训教材编审委员会

**主　任**　　郭文超　　省干教办副主任、省委组织部一级巡视员
**成　员**　　马　亮　　省委组织部干部教育处处长
　　　　　　　王　雄　　西北农林科技大学继续教育学院院长
　　　　　　　刘晓军　　省发改委二级巡视员
　　　　　　　孙　早　　西安交通大学经济与金融学院院长、教授
　　　　　　　曹胜高　　陕西师范大学文学院教授
　　　　　　　顾建光　　上海交通大学国际与公共事务学院教授
　　　　　　　张茂泽　　西北大学中国思想文化研究所教授

# 《园区创新发展理论与实践》

主　编　赛云秀

副主编　曾昭宁　王君萍　谈建勤

成　员　吴民生　刘　毅　董春诗　李春霄

图书在版编目（CIP）数据

园区创新发展理论与实践／中共陕西省委组织部组织编写. --西安：西北大学出版社，2021.1
ISBN 978－7－5604－4643－1

Ⅰ. ①园… Ⅱ. ①中… Ⅲ. ①区域经济发展—研究—中国 Ⅳ. ①F127

中国版本图书馆 CIP 数据核字（2020）第 236537 号

责任编辑　褚骊英
装帧设计　泽　海

### 园区创新发展理论与实践
YUANQU CHUANGXIN FAZHAN LILUN YU SHIJIAN

中共陕西省委组织部组织编写

主　　编　赛云秀

| | | | | |
|---|---|---|---|---|
| 出版发行 | 西北大学出版社 | | | |
| 地　　址 | 西安市太白北路 229 号 | 邮　　编 | 710069 | |
| 网　　址 | http：//nwupress.nwu.edu.cn | E－mail | xdpress@nwu.edu.cn | |
| 电　　话 | 029-88303059 | | | |
| 经　　销 | 全国新华书店 | | | |
| 印　　装 | 陕西隆昌印刷有限公司 | | | |
| 开　　本 | 710 毫米×1020 毫米　1/16 | | | |
| 印　　张 | 9.25 | | | |
| 字　　数 | 108 千字 | | | |
| 版　　次 | 2021 年 1 月第 1 版　2021 年 3 月第 2 次印刷 | | | |
| 书　　号 | ISBN 978－7－5604－4643－1 | | | |
| 定　　价 | 33.00 元 | | | |

如有印装质量问题，请与本社联系调换，电话 029－88302966。